自相矛盾
也无可厚非

[美]珍妮弗·丘奇（Jennifer Church）——著
莫思曼——译

WHY IT'S OK
TO BE OF TWO MINDS

中国出版集团
中译出版社

图书在版编目（CIP）数据

自相矛盾也无可厚非 /（美）珍妮弗·丘奇 (Jennifer Church) 著；莫思曼译. -- 北京：中译出版社，2024.1

书名原文：Why It's OK to Be of Two Minds
ISBN 978-7-5001-7512-4

Ⅰ.①自… Ⅱ.①珍… ②莫… Ⅲ.①心理学—通俗读物 Ⅳ.①B84-49

中国国家版本馆CIP数据核字（2023）第179363号

Why It's OK to Be of Two Minds,
1nd Edition / byJennifer, Church/ 9780367898625
Copyright © 2021 by Taylor & Francis Group LLC.
Authorized translation from English language edition published by Routledge, an imprint of Taylor & Francis Group LLC. All Rights Reserved.
本书原版由 Taylor & Francis 出版集团旗下 Routledge 出版公司出版，并经其授权翻译出版。版权所有，侵权必究。
China Translation &Publishing House is authorized to publish and distribute exclusively the Chinese (Simplified Characters) language edition. This edition is authorized for sale throughout Mainland of China. No part of the publication may be reproduced or distributed by any means, or stored in a database or retrieval system, without the prior written permission of the publisher.
本书中文简体翻译版授权由中译出版社有限公司独家出版并在限在中国大陆地区销售。未经出版者书面许可，不得以任何方式复制或发行本书的任何部分。
Copies of this book sold without a Taylor & Francis sticker on the cover are unauthorized and illegal.
本书封面贴有 Taylor & Francis 公司防伪标签，无标签者不得销售。

著作权合同登记号：图字01-2022-1798

自相矛盾也无可厚非
ZIXIANGMAODUN YE WUKEHOUFEI

出版发行：中译出版社	
地　　址：北京市西城区新街口外大街28号普天德胜大厦主楼4层	
电　　话：（010）68002926	邮　编：100044
电子邮箱：book@ctph.com.cn	网　址：http://www.ctph.com.cn
出 版 人：乔卫兵	
总 策 划：刘永淳	策划编辑：周晓宇
责任编辑：于建军	
封面设计：潘　峰	内文设计：宝蕾元
印　　刷：北京盛通印刷股份有限公司	
经　　销：新华书店	
规　　格：880毫米×1230毫米　1/32	
印　　张：7	版　次：2024年1月第1版
字　　数：123千字	印　次：2024年1月第1次
ISBN 978-7-5001-7512-4	定　价：48.00元

版权所有　侵权必究

中译出版社

生活伦理与美学丛书
我们生活中的伦理与美学

哲学家常常费尽心机证明一些不得人心的观点。拿最近的例子来说，他们赞成反婚姻和反怀孕，把动物等同于人类，认为流行艺术的美学价值低劣而予以否定。相比之下，他们很少为普遍存在的、既定的人类行为提供令人信服的论据，比如结婚生子、食用动物肉和看电影。如果哲学的作用之一是帮助人类反思生活，并为其信仰和行为寻找完备而正当的理由，那么哲学家们忽视关于大多数人（包括许多哲学家自己）真实生活方式的争论就显得很奇怪。但不幸的是，哲学家们总是对生活的常态漫不经心，这意味着我们现代社会的诸多生活方式在很大程度上尚未经过论证，即便所有文学作品都在谴责它们。

"无可厚非——生活伦理与美学"系列丛书试图弥补这方

面的不足。该系列丛书提出了许多新颖而独创的观点，一些普遍的伦理和美学价值变得合理且易于接受。该系列丛书由短小精悍的分册构成，面向没有哲学积淀的读者，希望传播这样一种认识：哲学在解读信仰和批评现状方面具有同样重要的功能。该系列丛书并不是要让我们对自己的价值观沾沾自喜，相反，它迫使我们更深入地思考我们赋予日常生活意义的那些价值。

序 言

当今这个时代，大多数人拥有多元文化背景；我们的观念会随着年龄的增长发生翻天覆地的变化；我们会遇到与自己背景截然相反的人，并与之共情；而我们真正生活的世界与想象的世界之间也存在着巨大差异。这些二元对立的现象使得我们经常发现自己处于一种"双重意识"的状态，这种状态又导致了各种各样的内心冲突。外界的冲突会让我们不适，内心的冲突也是如此。我们倾向于规避这种不适，为此，我们会避开冲突的根源，或忽略冲突的某一方，或让冲突的两方和谐共处。但是，这些做法有时无济于事，甚至会适得其反。我们渴求内心的和谐，却对能否消除内心冲突心存疑虑。为了克服双重意识带来的紧张感，我们尝试了很多办法，但我们对自己的努力没有信心，就算失败也理所当然。

哲学通常主张保持观念的连贯和自我的完整。全心全意的状态之所以宝贵，是因为它让我们自我感觉更好，而且当我们自信专注地采取行动时，我们更容易成功。同时，我们假定这个世界本身是连贯的,因而各种正确的世界观之间必然没有冲突。拒绝统一性似乎动摇了世界的客观性,也使人怀疑一个能负起责任的自我究竟有没有可能存在。这些问题可不是能够轻易抛在一边的。因此我们有必要说明,如何让我们既接受双重意识,又能欣赏这其中的每一个自我。双重意识可以为我们的生活带来创意和愉悦,而这正是本书所要阐释的。

我们的感知、判断和价值观都依赖相对稳定的"图式"(schema)(或者说框架)来将感官接收到的信息组织起来。决定图式的是记忆和期望、我们预先存在的信念和欲望、持续的希望和恐惧等的混合体,而所有的这些是由个人偏好、社交际遇和语言所共同塑造的。一个宗教庆典,从一个视角看是令人压抑的,从另一个视角看却能给人以启发。这两个视角相互冲突,而都不只取决于一种信仰、欲望或记忆。同样,基于某一套信念和欲望,我们可能认为某人会有所成就,但基于另一套信念和欲望,我们也可能认为此人老谋深算、善于摆布他人。我们的生活中充斥着太多的世界观,大多数人也就顺理成章地接受了用不同的框架来组织我们的经历,而这些框架有时发生冲突。并且多种框架同时影响我们,这也就不足为奇了。

在极端情况下,观念的冲突会发展成人格的冲突,导致不同的人格互相争夺身体的控制权。这是一种分离性障碍,也称多重人格综合征。在这种情形中,可以说是一个身体里存在着两个自我。还有另一种相似的情形，就是一个人意识里的信念和欲望与其潜意识里的信念和欲望相互冲突（例如自我欺骗，或是某人虽然在意识层面接受了某些东西，却在潜意识里对这些东西感到羞耻）。[1]然而，在后文所涉及的日常生活情景中，相左的观念是单个自我的一部分，而且这个自我非常清晰地意识到观念冲突的存在。（在第一章中，我将进一步说明自我和意识的本质。）

有些人擅长让两种思想观念在脑中并存，有些人则不然。另外，一些思想观念比另一些更容易发生冲突。但是，我们如果既坚持让我们倾向于做出某一选择的观点（例如为了保全面子而撒谎，或者为了赚大钱而从事某种职业），同时又不能全然抛弃让我们鄙视这一选择的观点，或者既接受某一种使我们珍视创意性的概念图式，又保留另一种使我们重视逻辑清晰的图式，那么我们就不可避免地会感到矛盾。要是我们免受内心冲突的折磨，想必生活也就不会这么糟心。不过，有一些双重意识是值得保留的——不只是因为它们使生活变得更加丰富多彩，也因为它们让我们知识更渊博，提高了我们的灵活性和共情能力。

统一性（wholeness）的理想已经受到了多个角度的批判。主张社会内部保持多样性的人，可以转而支持社会成员个体的内心保持多样性。因为既然包容互相冲突的观念在总体上对一个社会有益，那么对个人而言也可以如此。很多人担心追求统一性（无论是社会内部还是个人内心的统一性）常常压迫或抹杀一些声音，这使得人们认为追求连贯统一不如保持（内心和外界的）无序状态。另外，已有一些人类行为学者撰文论述，从多个角度解决问题和同时使用大脑不同部位具有优势。在多种观点中，最激进的一派对于"一个独立于心智而存在的世界"这一理念展开了各种攻击。"独立于心智"意味着不受我们想法的影响，而如果没有这样一个现实世界，我们就可以为自己任意构建互相矛盾的多个现实。这些对于统一性的批判都值得深思，不过我们将会看到，其中的一些说法比另一些更有说服力。

* * *

本书第一章将厘清什么叫作"自相矛盾"。这一章会举出不同的例子来说明兼具两种不同文化背景的体验。这些例子包括：W.E.B.杜波依斯（W. E. B. Du Bois）对非裔美国人的双重意识的描述，拉尔夫·瓦尔多·爱默生（Ralph Waldo Emerson）结合灵性（spiritualism）与理性的尝试，阿德里安·派珀（Adrian Piper）作为艺术家和哲学家的双重身份的思考，以及其他几个日常生活中的事例。双重意识被解释为这样一种状态：当我们使用相差极大的图式来整理体验时，不同图式的差异导致我们内心出现长期的激烈冲突。除了在两种（或两种以上）文化中成长起来的人们，从属于两种或两种以上的亚文化中的人们（我们大多都属此类）也经常体验到双重意识。我将先回顾关于克服广义上的内心冲突的不同观点，并指出其缺乏说服力的地方。然后，我会评述几种克服内心冲突的一般方法——解决、分离和消解，并指出这些方法为何在所举出的例子中效果并不理想。但是我们仍须明确，如何应对双重意识所带来的内心冲突才是最好的。为此，我会介绍3种不同的模型：杂耍模型、静力锻炼模型、扰乱者模型。（后续几章也将以这3种模型为线索展开。）

第二章探讨因在记忆中生动地保留了过去的自己而导致的双重意识。只要我们唤醒"内心中"那个过去的自我的视角，并且这个过去的视角与我们当前的视角发生剧烈冲突，我们就会体验到巨大的心理冲突。而在想象未来的自我时，我们也会有类似的体验。应对这种内心冲突的方法之一是，将两个视角置于发展着的叙事中：在从过去到现在再到未来的发展历程中，冲突的视角只是其中的两个不同阶段。另一种方法是坚持"昨日之日不可留"的态度，不再将过去视作自我的一部分。这两种方法都有不足之处，我将提出一些更好的建议。

第三章探讨将他人的观点"纳入"自我的情况，包括我们内化家长或老师的观点，与我们认识的人共情，以及爱一个人或被人所爱。我们可以通过不同的方式去想象他人的视角。然而，共情需要我们"代入他人"去想象他人的经历，而尽管我们明白那并非我们自己的观点，共情仍然会引发我们内心的冲突。要应对这些冲突，第一章末所介绍的杂耍模型和静力锻炼模型给出了一些很有帮助的方式。

第四章探讨的双重意识现象，源于我们在面对一些情境时同时采用了狭小视角和宏大视角而导致的矛盾心态。从狭小视角来看，我们的个别活动和情感显得格外重要，例如为实现某一目标而奋斗，因某一次受辱而愤懑，或是惧怕死亡。但从宏大视角来看，这些又显得微不足道。同时具有这两种视角似乎是人之所以为人的重要特质，但二者的并置共存会导致一种重要的内心冲突。其中一种常见的应对方式是反讽的双重立场，但这种方式会带来一些麻烦。另一种是追求"无住"的心境。然而，两者都可能使得狭小视角和宏大视角的并置共存得不偿失。不同种类的笑声以及超现实主义则给我们指出了另一些方式，让我们可以更愉快地使两种视角和谐共存。

第五章探索的双重意识现象，源于我们一方面将幻想投射到现实情境，另一方面也清晰地认识到幻想不过是幻想。例如，我们可能会想象万物有灵，或者设想最终善有善报、恶有恶报。在这些情况下，我们并非简单地在相信现实的基础上享受幻想的乐趣，也不是拒绝承认自己已经认识到的现实；这些例子揭示了一种建立心理框架的技巧，让我们一方面可以假装世界是某种样子而活下去，另一方面又清醒地认识到世界另有真面目。哲学家们已经讨论过与科学理论、自由意志的幻象以及人的统一性的幻象相关的"假想"生活。进一步的分析表明，其中只有一些情形具有某些特征，使得相关的双重意识的存在正当化。

本书并非一味赞同保留内心冲突或割裂的心理。有许多种内心冲突是需要克服的，许多类型的心理割裂会造成负面影响。本书的每一章都分别讨论了一些负面的双重意识现象，而最后的"补遗"部分会从更为宽泛的角度记述自相矛盾不合时宜的场合。其中包括：互相竞争的图式之一会在我们认识世界的本质时严重误导我们，或是会严重伤害我们自己或他人，又或者是我们为了逃避在两种图式中做出抉择而宁可使二者并行。

对几乎所有人而言，本书所辩护的5种双重意识都并不陌生。我们都曾经受到不同文化的影响，都记得过去的自己与现在的自己大为不同，都与我们珍视的人们产生共情，都曾同时以狭小视角和宏大视角看待事物，也都依靠某些幻象来指引我们处理现实事务。与这一切有关的很多理论建设都希望能消除相关的内心冲突，但我认为，保留内心冲突，甚至在某些情况下增强内心冲突，是有其意义的。并且，我希望告诉读者，如果方法得当，自相矛盾也可以给人以趣味和启迪。

目录

自相矛盾也无可厚非 / 1

第一章　与自我争辩 / 3

　　背景 / 5

　　厘清概念与标准 / 9

　　更多例子 / 19

　　维持双重意识的利弊 / 22

　　结束争辩 / 31

　　维持冲突的模型 / 39

第二章　时间的重影 / 47

　　情节记忆与想象中的未来 / 50

　　是否该消除冲突？ / 58

　　被叙述的自我和褶子里的自我 / 68

3个模型的应用 / 76

结语：对于时间的感知 / 83

第三章　他者入我心 / 85

被内化的他者 / 87

与他人共情 / 93

爱的行为和状态 / 96

可能的解决方式 / 98

可能的分离方式 / 101

可能的消解方式 / 110

再次应用3个模型 / 116

第四章　视角大与小 / 123

基本的冲突及其必然性 / 125

选择反讽 / 132

杂耍与扰乱，来自笑声和超现实主义的启示 / 135

静力锻炼模型的选择 / 141

结语 / 150

第五章　假想的生活 / 153

　　幻想在日常生活中的作用 / 155

　　与物理学和数学的对比 / 164

　　对于身份的表演 / 169

　　假想人具有自由意志 / 172

　　假想价值观具有客观性 / 175

　　假想人是统一的整体 / 178

　　结论 / 181

补遗　自相矛盾不合时宜的情况 / 185

注　释 / 191

自相矛盾也无可厚非

我们大多数人在体验世界时都会有不同视角。从一个视角来看,某个职位或宗教似乎很重要,能给人带来成就感,但从另一个视角来看却显得乏味或荒谬。从一个角度来看,某个朋友为人迟钝,但从另一个角度来看,这又不失为他的明智之处。

如果我们看待事物时同时具有两种视角,我们可能会感到不安,会关注自己的判断和价值观之间的冲突,我们有效地实现生活目标的能力也会因此被削弱。

然而,珍妮弗·丘奇在本书中论述到,内心的冲突并不只是解决问题的绊脚石,也可以是一件好事。本书描述了几种有益的"双重意识"(即同时具有两种不同观念的状态),并解释了其重要性与合理的维持方式。丘奇批判性地审视了一些关于身份的常见观念。例如,有一种关于叙事的普遍观念认为,我们的生活应该是一个"能被理解"的故事。她对此提出了自己的见解。她还研究了共情如何使我们同时具有两种观念而从中受益,并探讨了如何在各种形式的讽刺和笑声中坚持相反的观点而从中受益。最后,丘奇阐述了在承认现实的同时接受幻想引导的有益之处。对于同时持有两种矛盾观念的人而言(不夸张地说,也就是每个人),《自相矛盾也无可厚非》值得一读。

第一章
与自我争辩

在与他人的争辩中，我们创造了修辞；在与自我的争辩中，我们创造了诗歌。

——叶芝

自相矛盾也无可厚非

叶芝（Yeats）的这句话，不只是在说他或者其他人写诗的动力，也是在说，诗歌能够同时呈现不止一个角度或一组语义，从而能够应对人的内心冲突。[1]例如，波德莱尔（Baudelaire）的诗歌就被描述为"同时看到两个世界的图景……像一个有故障的望远镜，所呈现的是无法融为一体的两个画面，它们并存，却好像互斥"（弗朗索瓦丝·梅尔策，Francoise Melzer）。当然，这种双重意识的状态并非诗歌所独有，在我们的日常生活中也有迹可循。

背景

"双重意识"一词最为人所知的出处，是W.E.B.杜波依斯的著作。1903年，他描述了"黑人"（black folk）所经历的内心冲突：他们一方面内化了美国白人的理想和评判标准，但另一方面仍然珍视自己的"黑人"（Negro）文化传统。

> 这种双重意识，即总是用他人的眼睛去看待自我，用嘲笑、蔑视和怜悯自己的另一个世界的卷尺，来度量自己的灵魂，是一种奇异的感觉。这样一个人总是感觉到自己的二重性——他既是一个美国人，也是一个黑人；在一个黑皮肤的身体里，寄居着两个灵魂，两个思想，两个无法调和的追求，两个时刻交战的理想。

杜波依斯所说的这种双重意识，不是指黑人既内化了他人对自身的贬抑，又保留了某些自我价值的认同感，并将两者简单地结合起来。杜波依斯并不提倡一味否定压迫者的观点。实际上，他所描述的是两套理想之间的"战争"，而这两套理想都是有价值的。他肯定美国白人的理想中对于"文明、文化、正义和进步"的追求，但他也认识到，过于注重这些价值观，会助长把未受教育的黑人归为"无知"和"野蛮"。同样，他赞美黑人的体力劳动，赞美黑人"单纯的信仰和敬意"以及"令人开怀的绝好幽默感"。但他也承认，如果过于强调这些价值观，会使得美国白人社会看起来就像"由金钱和抖机灵所构成的尘土飞扬的沙漠"，充斥着"残忍的俏皮话"和"暴躁的愚蠢错误"。两种视角尽管都有其价值，但（至今）"无法调和"，因为两者对彼此都持消极态度。

相应地，美国"黑人"的双重意识既是负担，也是机遇。一方面，双重意识带来了压力、羞耻感、互相妨害的冲动和逃避主义策略。"这种双重目标的浪费，即试图同时满足两种无法调和的理想，可悲地毁掉了不计其数的人的勇气、信念和壮举——使他们常常追随伪神，祈求错误的救赎方式，有时甚至似乎使他们对自己感到羞耻。"另一方面，杜波依斯认为，由于美国黑人感受到两种理想的撕扯（而美国白人不会），美国黑人的这一处境使得他们能更好地推动人类社会变得更包容、更伟大。

在融合过程中，他并不希望失去两个旧自我中的任何一个。他不希望将美国非洲化，因为美国对非洲乃至整个世界教益良多。他也不会在美国白人主义的洪流中漂白自己的非裔血统，因为他知道非裔群体对于世界来说也有独一无二的价值。

我们需要工作、文化和自由——不是需要其中某一个,而是全都需要;它们之间没有先后次序,而是同等重要。三者各自发展而又互相促进,共同指向美国黑人眼前的一个更宽阔的理想……这样,总有一天,在美国大地上,世界的这两大种族将以自身的特质去补足对方的缺憾。

(关于如何调和这两种相互对立的理想,我将在后面的一个小节探讨杜波依斯的观点。)

女性主义者、文学批评家和批判性种族理论家广泛接受、修改和拓展了杜波依斯对于非裔美国人双重意识的表述。在女性主义者看来,作为一个受压迫的从属群体,女性也具有双重意识,因为一方面她们内化了男性视角,而另一方面,在看待自己和世界时,她们又保留了自己独立的视角。在文学作品中,那些在顺从和反抗之间摇摆不定的人物,那些以鬼魂和影身人物(doubles)❶为中心发展的情节,以及那些容易产生矛盾解读的措辞,则被视为作者们在种族、性别和性取向上的双重意识。[2]在种族方面,越来越多的人认识到种族与阶级、性别、性偏好、宗教和国籍之间存在复杂的关系,

---

❶ 又译"替身""双人物",指作品中在多个方面具有相似性或照应性的两个人物,也指这样一组人物中的某一个。——译者注

由此产生了对于双重、三重甚至四重意识的讨论。例如，一位西班牙裔女同性恋者可能已经内化了西班牙文化、白人文化、异性恋文化和天主教文化的观点，但每一种文化都认为她存在一定的缺陷，只是各自的角度不同。在以上的所有例子中，人之所以会有内心冲突，是因为内化了某种（某些）主流观念，同时又保留了反抗这种（这些）主流的观念。

不过，"双重意识"一词还有一个更古老、含义更宽泛的用法：指人体验到不同视角之间产生重大冲突的状态，而不论其背后的社会成因，也不论是哪一方压倒另一方。拉尔夫·瓦尔多·爱默生在描述理性与灵性两种视角的碰撞时如此写道：

> 这种双重意识最棘手的特征是，我们所过的理性和灵性两种生活之间的联系非常微弱，两者从无照面，也不度量对方：此时是这一方占了上风，便全是吵吵嚷嚷；彼时是那一方占了上风，便全是无穷和天堂。两者并未随着生活向前推进而变得更容易调和。

乔治·艾略特（George Eliot）也用"双重意识"一词表达过相似的含义。在她的小说中，求爱者拉提美尔（Latimer）思考着一桩婚姻时，既充满激情，也心生恐惧；既为其神秘

所迷醉,又因其奴役而害怕:

在我心中激起波澜的双重意识,像两条并排流去的溪流,永不交汇,溪水永不能混合为同一种色调。这一切,你大概很难想象吧?[3]

在这些相似的例子中,人们都是以两种相互冲突的视角来看待世界的某一部分。人们有着不同的经历、语言,关注的重点也不同,而在内心的冲突中,那些视角势均力敌,没有哪一方比另一方更容易被接受。一个人作为博物学家的观念可以与其作为经济学家的观念发生冲突,身为纽约人的观念可以和身为加州人的观念发生冲突,身为一位母亲的视角可以和身为一位法官的视角发生冲突。在由此而来的双重意识状态中,任何一种观念或视角在社会或心理层面都无法压倒另一种。

厘清概念与标准

在使用"双重意识"这一术语时,我所指的现象有如下基本特征:

1. 一个人在整合自己的体验时会依据两个(或以上)不同的图式。

2. 这些不同的图式针对同一情境同时发生作用。
3. 不同图式会持续存在,且对人有重大影响。
4. 同时使用这些不同的图式会使人处于心理冲突状态,且人能意识到这种状态。

对以上四种特征的具体解读如下:

1. 图式可以被视为我们在整合从外界接收到的信息时所遵循的一种框架或一套准则。图式凸显某些事实和可能性,淡化另一些事实和可能性,从而使我们更为注意某些细节和关联(一些附属关系和暗示等),忽略另一些细节和关联。例如,在听一段对话或看一部电影时,如果使用的是"悬念图式",我们会特别注意能表现信任或不信任的事例、某人心怀鬼胎的迹象、出现危险结果的风险等。但如果使用的是"喜剧图式",我们会特别注意双关用语、在社交中出丑的场面、出现滑稽结局的可能性。(关于故事的解读早有研究,正是这些研究在日后发展为关于心理图式的研究,如今已有许多相关文献。)[4]同样,在观察一对夫妻时,"浪漫图式"让我们更注意他们表达爱意的方式,更倾向于去想象他们共同的激情,更相信他们终将幸福美满。而如果是"诱骗图式",我们会更注意他们表现出退缩的瞬间,更倾向于想象他们强迫彼此,更相信他们将遭遇不幸的未来。

我们可以从多种途径获得用于整合信息的图式。有些图式是我们的生物属性决定的。例如,我们似乎生来就有"狩猎图式""求偶图式"和"育儿图式"。模式不仅主导着我们的行为,也主导着我们注意周围环境的方式,引导着一些我们意识到或意识不到的模式,并影响着在我们意料之中或之外的一些可能性。通过各种社会化和习惯养成的过程,这些图式得到了进一步发展和延伸:在一次次具体的狩猎和求偶活动中,我们运用与生俱来的狩猎图式和求偶图式来更好地完成相应的活动,并在这些活动中修正相应的图式。(像这样运用和修正图式,可以看作加强和修改某些神经连接。)一个孩子在沿自己所居住的街道漫步或和朋友们玩耍时,他的习惯也会创造新的图式,而通过新图式,他会对邻里和朋友产生新的体验。图式帮助我们整合信息,而语言在图式的形成中也扮演着重要角色:不同语言有各自的突出特点,产生不同的关联意义,而且常常引出不同的推断。此外,每一种语言都有数种子语言,即在一部分语言使用者当中或在某些情境下使用得更频繁的语言变体。不同的图式带来不同的注意力分配模式、联想模式和期待模式。就这一点而言,人们在使用"街头俚语"和"学术用语"时,所遵循的就是不同的图式。

要将各种图式一一区分开来并非易事,就像各门语言之间很难划清界限。(例如,古英语和现代英语是两种不同的语言吗？西英混合语是一门新的语言吗？我所使用的育儿图式和你的一样吗？年青一代是不是已经发展出了新的求偶图式？）还好，就本书的目的而言，我们不需要确定一个图式被修改到何种地步就可以算作新的图式。我们的兴趣所在，是案例中因持续使用不同图式而导致的剧烈的心理冲突；至于发生冲突的究竟是同一图式的不同版本，还是不同的图式，在本书的案例分析中无关紧要。

2. 同样，对于究竟怎样才算是在同一时间、针对同一情境使用了不同的图式，我们也无须刨根问底。原因和前面一样，即我们关注的是使用不同图式导致心理冲突的案例，而只有当一个人同时体验到涉及同一个领域的两个视角的观点时，才会有心理冲突。换而言之，就双重意识的体验（而非其定义的合理性）而言，主观上的时间一致性和情境一致性才是关键所在。假设爱默生在工作日以理性图式来体验周围环境，在周末则采用灵性图式，即两种图式并未同时发生作用，那么就不存在心理冲突。但他经常感到自己同时受两种图式的影响，因而体验到了内心冲突。同样，如果爱默生在面对没有生命的东西时运用理性图式，在面对与人有关的东西时运用灵性图式，即两种图式所应对的领域并无交集，那么就不存在心理冲突。但他发现，他所面对的事物，无论有没有生命，两种图式都适用，因而他体会到了内心冲突。

那么，如果要避免产生双重意识，可以为不同的图式划定清晰的应用时段或应用领域。但这并非易事，因为记忆会影响我们，而且万事万物混合于这个世界上。另外，我们还将会看到，划清这种界限或许会得不偿失。

3. 在理解和准备应对某一情境时，我们无数次感到面前有两种（或更多）选择，从而产生一种割裂感：我该把这句评论理解为侮辱还是玩笑？火灾过后的场景该说是具有荒凉之美还是一片焦土？拒绝这个工作机会是契机还是祸事？这场戏是喜剧还是悲剧？不过，这些情境相对短暂，而且并不涉及什么大事。我们会很快做出选择，或者找到一种简易之法来统合对立的想法（例如，认为玩笑带有侮辱意味，光秃秃的景象也可以有美感，祸事中潜藏着契机，悲剧性的情境可以用喜剧来表现）。此外，我们也经常将这些事情抛诸脑后，转而关心其他事情。上述例子可以视为短暂的双重意识现象。但我想说的双重意识，指的仅是内心长期存在冲突，这类冲突比上述例子更为持久、更为剧烈。前文引述过杜波依斯、爱默生和艾略特这些历史上著名作家的著作，其中所涉都是一些较为重大的议题。将"双重意识"限定在这种更有意义的议题上，有助于我们在讨论时与这些名家保持联系。不过更重要的是，这样做可以为双重意识，或者"自相矛盾"，提供更充分的探讨。比起烦恼如何解读一句评论或如何给一部电影分类，双重意识中所包含的心理冲突范围更广，其冲突更难以消除。

4. 一个人可以意识到心理冲突。最显而易见的例子是，一个人同时抱有矛盾的信念或欲望，而他也很清楚其中的矛盾之处。如果矛盾的是信念，那么他知道这两种信念不可能全都正确；如果矛盾的是欲望，那么他知道这两种欲望不可能同时得到满足。（这种情况也可以推及期望、印象、回忆，或者希望、冲动、计划——如果两种期望、印象或回忆不可能同时正确，它们就是矛盾的；如果两种希望、冲动或计划不能同时实现，它们也是矛盾的。）信念或欲望上的矛盾对人的负面影响有轻有重，因人而异，但矛盾的信念或欲望会导致矛盾的倾向，而矛盾的倾向对所有人而言都会带来烦恼。如果我既相信经济会增长，又相信经济不会增长，我体验到的就是心理冲突。同样，如果我既希望经济会增长，又希望经济不会增长，我体验到的也是心理冲突。这就是说，不同图式导致内心冲突的方式之一，就是这些图式使人产生了互相矛盾的信念或欲望。如果我依靠"新自由主义图式"来解读经济现象，我就会相信并且希望经济会增长，但如果我依靠的是"马克思主义图式"，我就会相信并希望经济不会增长。这样一来，同时运用这两种图式就会使我产生内心冲突。与此相似，假设有人来探望我，如果我运用"姐妹图式"来看待这个场景，我会认为她将因为我的痛苦而难过；如果我同时运用"医生图式"，我会认为并且希望她不会为此难过。在这种情形下，我也在经历着内心冲突。

不同图式造成的信念之间的冲突有时并不那么明显。在理解光的性质时，有人使用波的图式，有人使用粒子的图式，而只有当我们分别用两种图式来解释光通过窄缝的现象时，二者的矛盾之处才会变得明显。用另一个更贴近生活的例子来说，我可能既觉得你是个好邻居，又认为你这个人过于古板，而只有我开始思考你会对附近的一个移民家庭作何反应的时候，我才会意识到这两种观点的冲突之处。另外，在表达自己的信念时（无论是对他人还是对自己表达），我们有时会遮掩真实的想法，使得我们多种信念之间的冲突更容易被忽略。例如，一个人认为某个孩子"笨"，但他会说成"反应慢"。其中的冲突在于，他一方面认为这个孩子并不聪明，另一方面却觉得智商排名毫无意义。换一种措辞就有效地掩饰了这种冲突。或者，假设有人为了报复而惩罚孩子，却坚称自己意在教育孩子。其中的冲突在于，他一方面知道自己是在报复，另一方面却相信他总归是爱自己的孩子的。如果说自己在教育孩子，其中的矛盾之处就更容易被忽略。尽管如此，在很多类似的情况下，人们还是会感觉到自己在观念上的不一致。他们不清楚冲突从何而来，可能也不会将其视作一种潜在的矛盾。然而，一旦开始思考自己对待孩子的不同方式，或是想到自己谈及邻居时的不同方式，他们就会感到不自在。

无论人们是公开承认矛盾的信念或欲望，还是对此仅仅只是有所察觉，要理解不同图式的运用所导致的心理冲突，不应当只从这些信念或欲望的生成入手。其中的原因在于，如果图式不同，信念和欲望的生成机制也不同，所以很难确定哪些观点来自某一个图式，又被另一个图式所否定。在评价某人的工作时，如果使用"工作有意义"这一图式，就不大可能产生和奖金相关的信念和欲望；如果使用"表现优异图式"，就不大可能产生和人间疾苦相关的信念和欲望。在这个例子中，不能说其中一个图式产生了"此人的工作很有意义"的信念，而另一个图式产生了"此人的工作没有意义"的信念；也不能说一个图式产生了"此人值得嘉奖"的信念，而另一个图式产生了"此人不值得嘉奖"的信念。因此，我们很难确定这两个图式究竟在哪个"地方"发生了冲突。[这一观点也可以通过考察所谓"厚"概念（thick concept）的用法而得到证明。例如，对比"吹嘘"和"夸大"、"简朴"和"单调"这两对概念，其中的每一对概念都处在同一个很大的概念范围内，而针对某一个观点，我们很难确定使用哪一个概念会肯定这一观点，使用哪一个概念又会否定这一观点。]

前面我们引述过爱默生的一段话:"我们所过的理性和灵性两种生活之间的联系非常微弱,两者从无照面,也不度量对方。"但是,如果两者在同一情境下发生作用,我们就会感受到两者的冲突。

有人说,如果两种语言、图式或文化确实无法以同一标准衡量,那么两者之间就不存在真正意义上的分歧,我们所体验到的冲突也就不过是权力上的冲突——两套概念因争夺对我们的行为和思维的控制权而发生的冲突。[5]这一观点有其可取之处,也有失当之处。只要在两种图式之中择一使用,意味着选择其中一种整合和追索信息的方式,两种图式之间的冲突就必定是两种行为方式间的冲突(此处思考也是一种行为),而两种行为方式之间的争斗就是不同的权力分配之间的争斗。

但是,只要互相竞争的图式都是为了让我们理解自己所处的世界,并在这个世界中发展进步,两种图式之间的争斗就不仅仅是为了权力,更是为了正确地看待这个世界,并确定我们在世间的位置。我们希望自己的图式能恰如其分地对待外界事物;我们希望更深入地理解这个世界的本来面目,理解我们的真实感受,理解我们的社会制度是如何运作的,理解我们与他人的互动是如何有效的,等等。尽管一切体验都或多或少地经过了"图式化"处理,但这并不意味着世界只存在于我们的体验和图式之中,也不能说某一图式的价值仅在于其权力。和某些图式带来的信念和欲望相比，另一些图式带来的信念和欲望更能揭示真相，对我们更有助益。在任何情境下，无论我们能否看出图式之间的区别，我们都要知道这一点。所以，即便来自两个不同图式的概念根本不能相提并论，我们仍要体验到两个图式都在争夺主导我们的权力；我们也能认识到，最有权力的图式并不一定最能揭示世界的真相，也不一定能给我们在这个世界上的生活带来最大的好处。

总之，我们看到，在使用两个（或两个以上）不同的图式时，我们会感受到心理冲突，具体而言有以下几种方式：

· 我们可能认识到源自不同图式的态度之间发生了冲突。例如，从某一角度来解读朋友的话语，我们会觉得这些话是友善的，但从另一角度来解读时，我们会觉得这些话是恶意的。

· 哪怕我们看不到明显的冲突，我们也可能感受到潜藏的冲突——只要我们更为密切地观察各种迹象，或是更为坦诚地面对自己的真实想法。例如，一位邻居在会议上和在私下里说话的方式似乎不太相同，但我们不太能确定其中的冲突之处。

· 使用某一种图式会强迫我们以某一特定方式调用心理资源，而如果换用另一种图式，我们就不得不以另一方式调用同样的资源,所以我们会感觉到内心为了争夺心理资源而斗争。例如,面对一位在自己手下工作的朋友,我们会对将其当作员工还是朋友而感到为难。

・即便其中一个图式对我们的影响比另一个更加强大(我们也给前者分配了更多的资源),我们仍会担心另一个图式才更接近真相,或对我们更有好处。例如,作为家长,我们尽力为自己的孩子提供支持,但因为孩子得到了这种额外的帮助,我们会怀疑这对于孩子的竞争对手而言并不公平。

后面我们将会看到,双重意识的各种例子涉及不同种类的心理冲突,不同的心理冲突又会导致不同的应对方式。

更多例子

在前文中,我们已经提过杜波依斯、爱默生和艾略特这些历史人物的例子。在阐述我们对内心冲突可能采取的应对方式之前,有必要再增加3个更贴近当代生活的例子。

A.**随性和严谨**。哲学家兼艺术家阿德里安·派珀描述了这两种身份带来的相互对抗的视角:"从哲学家的视角来看……艺术界看起来缺乏纪律,容易冲动,追求快乐至上,物质享乐主义盛行,沉迷于一时的风潮,而且根本不关心质量标准——除非为了将维系财富与权力的现状合理化。另一方面,艺术界提供了一个视角,展现了不受束缚的随性和不可预测性。从这个视角来看……哲学……圈子看起来古板、充满控制,为了追求深度和严谨而牺牲创造性。"在派珀看来,哲学和艺术两个圈子都有排外的嫌疑。哲学家和艺术家的双重身份所赋予她的双重意识,和杜波依斯笔下非裔美国人的双重意识颇有相似之处。[6]

B. **信任和警觉**。在描述左翼人士的双重意识时,特里·伊格尔顿(Terry Eagleton)如此写道:"一方面,左翼人士常常在某些日常的高尚之举和一时冲动的慷慨中寄托他们的信仰。如果这些举动都算不上人性的体现,那么人的境况就几乎不值得我们去努力改变。另一方面,左翼人士又深切地意识到,人类的历史在很大程度上就是一场大灾难——雅克·拉康(Jacques Lacan)就曾尖刻地将其称作'下水道'。在大多数时候,人类的叙事一直充满残酷和不公,充满悲惨境遇和血汗劳作。时至今日,仍有好几百万人处于这一境况之中,否则就没有必要像激进分子所渴望的那样进行彻底变革。此处所说的并非简单的冲突。如果乱砍乱凿的巨大声响让历史变成了聋子,我们可以将之部分归咎于暴力和物质短缺,是它们使得我们无以一睹这些男男女女最好的一面。左翼的信仰是,环境的压力得以减轻之后,他们能更自由地发挥创造的能量和能力。然而，一边要对人性抱有信任，另一边却要对人性已经制造的恐怖保持必要的警觉，这种对峙是很难保持的。"

C.**赞美和沮丧**。对于自己的社区，很多生活在小城镇的人既有积极的看法，又有消极的看法；他们既通过"人情往来"的图式看到了积极的一面，又通过"被动攻击"的图式看到了消极的一面。小镇居民的生活在本质上是闲适的，而他们既赞扬这种闲适，又抱怨这种生活与时代不符。对于当地学校的露天操场，他们赞赏那里粗犷率真的氛围，但又因那里缺乏监管而感到害怕。镇上的小房子舒适而朴实，但也因无人照管而显得凄凉。至于奇装异服的轮滑玩家，他们的标新立异让人喜欢，但整体的气氛感觉还是沉闷了些。（当然，城市居民在看待城市时也有相似的矛盾观点。）对一座城镇有所好、有所恶是很正常的，完全可以坦然接受。但这个例子的重点在于，正是相同的事物引发了相反的反应：和文职人员或者镇长打交道时，同样的互动会显得既轻松愉快又故作愚钝；对于露天操场上的同一场斗殴，斗殴者的直爽令人钦佩，但其缺乏监管又让人担忧；同一批轮滑玩家的奇异装扮既让人眼前一亮，又给人几分颓废之感。小镇居民可能会时而选择某个观点，时而选择与其对立的观点，但他们内心的冲突不会停止；即便某种观念在一段时间内取得主导，与其对立的观念也常常萦绕不去。[7]

至此，除了杜波依斯、爱默生和艾略特的描述，我们又追加了一些日常生活的例子。现在，我们可以考虑维持双重意识（即"自相矛盾"状态）有哪些优势，又有哪些不足。

维持双重意识的利弊

和与他人争辩一样，与自己争辩能增长我们的知识，增进和他人的关系，并让生活更有实感。争辩使得表达相互对立的意见成为可能，而这又使得每个视角能够交替"发声"。争辩使我们挑战自己的论断，从而让我们更深入地发掘，获得新的事实，看到新的可能性。[8] 此外，虽然说来可能有些奇怪，但争辩能完善我们与他人交际的方式，因为争辩让我们更为诚实地面对他人，迫使我们找到更好的途径来顾及不同的偏好，并包容不同的脆弱之处。然而，为争辩的价值辩白并不等同于认可无休无止的争辩，在与自我争辩这件事上更是如此。偶尔的争辩可以是有益的，但如果我们总是争个没完没了，又怎能增长知识、改善人际关系？

首先要注意的是，即便说出自己的异议会放慢获取知识的脚步，损害人际关系，那也可以是有价值的。表达自由已经得到了多方面的支持，但其中只有一部分立足于表达自由对于社会和谐的（最终）贡献。例如，一个人越是考虑个人权利而非社会后果，他就越会希望确保每个声音（无论对错）都能继续得到认可，每种观点在公众舆论场中都能获得一席之地。但是，即使一个人更多地考虑社会后果而非个人权利，即使他将社会和谐的福祉放在第一位，他也仍然可以为持续争辩的价值辩白，而辩白的理由是异议不可能被消除，至多是被镇压，并且和宽容持续的争辩相比，对异议的镇压最终会加剧社会中的暴力和冲突。其中的要点在于，在争辩中被排除或被击败的一方终会"卷土重来"，带来更多的麻烦。沿着这个思路的论点已经得到了几个方面的支持。精神分析理论提到压抑冲动会带来负面影响，文学理论提到未尽之言终将爆发，还有不少的资料记述了"贱斥"（abject）立场在政治上是如何发生作用的。[9]有的时候，终结争辩的任何方式，或实现社会和谐统一的任何方式，会适得其反，但如果仅仅为了探究这些方式为何会适得其反，倒是不必将这种并非普遍的现象当作必然的结论；我们也不必声称，比起想尽办法来终结争辩，维持争辩有时更有利于社会和谐。

同样，我们未必要为了拓展我们的知识而终结争辩。约翰·斯图亚特·穆勒（John Stuart Mill）曾为言论自由做了一番精彩的辩白。他认为言论自由是呈现新的事实的最佳途径，但并不认为事实的揭露能终结争辩。他认为，我们永远不能完全确定我们的信念就是真理，但既要承认我们不可能完全确定自己是对的，同时又要增强我们对自身信念的信心，最佳方式就是欢迎异议，并参与到质疑之中。在法律领域，出于各种实际原因（个人和国家的资源有限，需要保护人们不受进一步的暴力伤害，需要证明某人的清白等），争辩必须要画上句号。但不难想象，如果有一场无休无止的庭审，律师之间永不停息的争辩能揭示越来越多的事实。在医学研究领域，持续的争辩是常态。例如，有些癌症疗法之间是互相矛盾的，引发了不少辩论，而虽然得出定论遥遥无期，这些辩论却不断揭示出与我们的身体和环境有关的新事实。即使我们永远看不到这些观点是如何共同构成一个自洽的整体，但人们会发现一些新的事实，回顾一些此前被忽略的考量，而这仍然很有价值。如果我们试图统一各种观点，有时的确会错失重大发现。[10]

在人际关系方面，如果争辩不结束，似乎就无法采取有效的行动。但有些时候，持续依靠冲突的图式实际上不会妨碍人与人的协作，反而会让协作更有成效。家长们或许会对如何管教孩子有不同的见解——一方侧重于对孩子严加管教，防止孩子变得任性；而另一方注重鼓励孩子的冒险精神。但从结果来看，这种育儿观念的冲突可能会让培养出来的孩子少一些任性而又多几分冒险精神（原因或许是冒险精神为任性的冲动提供了发泄的出口）。同样，在政治中，一些人认为获得失业补偿金是一项权利，而另一些人认为是惠民举措。

实际上，有了两种观点的碰撞，最终通过的法案更有可能令两方都满意。再者，如果我们与他人都不过度执着于己方的目的（例如不开战，或不妨碍另一个人实现抱负），并且这能改善双方的互动，那么长久的争辩就是一件好事。和政治一样，在我们的个人生活中，如果我们听到有些人坚称"我们应该做点什么"或"有所行动总比无所作为要好"，我们就应当提高警惕，因为这种话所促成的行动常常是被误导的，而且并不可靠。从这一点来说，这样的行动也是不负责任的。[11]

自我内部的持续冲突似乎会引发更多的问题。接受或鼓励与自我的争辩比接受或鼓励社会上的争辩要难得多。原因何在？哲学上对此有一些有趣的论断，大体上的意思是：自我内部不同视角之间持续的剧烈冲突（也就是我前面所说的双重意识状态）要么不可能存在，要么最好不存在。梳理这一系列论断，有助于澄清我为内心的争辩而辩白时假定了什么，否定了什么，又暗示着什么。

其中的一套论断是由伊曼努尔·康德（Immanuel Kant）提出的。该理论断言，对一个有意识的主体而言，要在时间中持续存在，唯一的途径是让其体验的内容在时间中持续存在。但我们所接收到的信息是持续流动的，因此，要让体验的内容在时间中延续，在整合这样的信息时，只能承认我们对某一客体的不同印象是该客体的不同表象，即不同的感官在不同的时间从不同的角度去感知同一客体而获得的信息。依康德看,主体意识和客体意识不可分割;唯一的自我意识,即是我们以不同的方式感知同一客体——具体的感知方式取决于我们身在何时何地,是在观看还是仅仅在倾听,等等。

即便不深究或不同意康德的论断的细节,我们也应该看到,在统一体验内容和统一体验主体之间存在紧密的联系。这种联系是否意味着使用不同的图式来整合我们的体验,也就是使用相互冲突的几组概念和投射来理解我们周围的环境,会导致出现不同的主体?这将取决于图式之间的分歧有多广、有多深。后文会给出一些双重意识的例子,其中对人物、事件或地点的归类方式会出现冲突,但对于人物、事件、地点的描述(这群人、那个评论、那个小镇)仍然有一致之处。同样,对于一些事情的起因有相互冲突的看法,但对于哪些东西需要解释(这个行为、那个结果、那个变化)也存在一致之处。诸如人物、事件、地点这样的类别不是厚概念,而是薄概念,但它们都不是空洞的名词;没有它们,我们甚至无法识别不一致性。即便我们对于世界的属性和结构有不同的看法,但我们体验中的世界都是时空连续体。因此,即使一个主体可能继续依赖于矛盾的概念图式,并由此体验着双重意识,它也能够满足康德的论述中对于单一意识主体的标准。

和体验的单一主体相比，成为单一自我（self）的标准更为严格。拥有自我，除了要将世界作为时空连续体来体验，还应该能够将各个判断统合起来，使得理性思维和理性行动成为可能。例如，婴儿或许能将世界作为连续整体（总之是在较长的时间段内）来体验，却还不能采取理性行动。在这个意义上，婴儿还没有拥有自我。理解了形成自我的标准，也就不难理解双重意识之所以威胁到自我的存续，是因为它威胁到了思想和行动的理性统合。只要双重意识使人无法以完全的理性来思考和行动，它就削弱了这个人的自我状态；只要它使人依照两套不同的推理来思考和行动，它就制造了两个不同的自我。

我们需要有一定程度的理性才能拥有信念和欲望，因为信念和欲望都是态度，它们让一个人的行为具有意义，让一个人的行为从他自身的角度来看是合理的。因此，要确定一个人相信什么、想要什么，就要确定他倾向于如何表现。如果不看一个人（包括我们自己）在有邻居在场时如何表现，我们就很难判断他认为邻居是值得信任的，还是危险的。如果不观察一个人（包括我们自己）在多种情境下的行为，我们也很难知道这个人是善良的还是邪恶的。（相关的行为应包括语言行为，例如我们是如何谈论邻居的；还应包括表达情感的动作，例如面部表情。）不过，我们的信念和欲望不一定即时或直接影响行为。所以，如果一个人在危险来临时什么都没做，并不一定意味着他冷漠，也可能意味着他正因为矛盾而经历内心冲突。（布里丹之驴并非对食物无动于衷，而是在选择两个具有相同吸引力的物品之间左右为难。❶）因此，不能简单地因为不可能出现矛盾的行动，就推导出不可能出现矛盾的信念和欲望。

当然，自我可以切换观点——例如从一个宗教观念切换到另一个，或是从一个家庭的观念切换到另一个。但自我（相比于单纯的主体）的连续性要求，这样的改变不能是任意的，而必须是合情合理的转变。假如我基于有条理的观察和思考，不再相信世上只有一个全能的神，转而相信世上有很多个力量极其有限的神，那么我就必须经历图式上的转换。在这个转换过程中，很难以中立的方式描述其中的冲突（"神"又是什么？神怎样才算"好"？），但只要这个转换能从理性的角度得到理解，也就是信念和欲望试图理解既有信息，那么这个转换就不会破坏自我理性的连续性。同样，如果你权衡着相互冲突的家庭观念，即便一时无法在两种观念

---

❶ "布里丹之驴"是一个悖论效应，以14世纪法国哲学家布里丹（Buridan）的名字命名。其内容如下：一头完全理性的驴恰好处于两堆等量等质的干草中间，因为不能对究竟该吃哪一堆干草做出任何理性的决定，结果饿死了。——译者注

之间做出取舍，这也并不会使你面临失去一个在理性上统一的自我的危险（实际上，就相互对抗的观念展开思考的能力或许对一个人的理性而言意义更大）。但如果我一直放不下矛盾的宗教观念，或者你一直支持矛盾的家庭观念，我和你的自我还算是理性的自我吗？

拥有一个被削弱的自我——少一些统合，多一些率性，少一些自我（ego），多一些本我（id），会带来什么问题？为什么我们就不能享受拥有多个自我的状态呢？对于这些问题，至少有两个可能的答案。首先，有观点认为，如果我们的信念和欲望之间能更协同，那么我们和世界之间也会更加协调，因为内心的矛盾被消除后，我们的信念更有可能接近真理，我们的欲望更有可能得到满足。而如果容许不同的信念把我们拽往太多不同的方向，我们趋近真相的可能性就更小；如果容许不同的欲望把我们拽往太多不同的方向，我们得到满足的可能性就更小。其次，有观点认为，自我被统合得越好，就越能肩负责任，即能对更多的判断和行动、更多的过往和未来中发生的事承担责任。当一个人的行为（无论是过去的行为还是当前的行为）的不同方面之间缺乏理性的连续性，这个人就更容易把自己从其中一些行为中撇清（对社会而言，就更容易免除这个人对其越轨行为应负的责任）。在探讨"爱"时，内心的冲突非常让人忧心，而全心全意的好处不言自明。哈里·法兰克福（Harry Frankfurt）就曾写道："爱使我们能够全身心地投入到有意义的事情中去"，"一个人若没有自相矛盾的抉择，他就将是完好无缺的，他的心灵也就是纯洁的。……那么，不能全心投入就是一种不理性，它会侵蚀我们的实际生活，使其失去连贯性"。在对学生们进行择业教育，或是向教徒们宣扬忠于信仰，以及对家长们谈及生育选择时，"全心全意"这一品质常常备受推崇。

总体而言，我们有充足的理由偏好一个统合的自我，但也有一些重要的例外情况，而这些例外正是我所想关注的。支持理性统合的第一大原因是，这将使我们与世界之间的关系更加协调。在这一点上，一些案例表明，和以一切方式消除信念间的冲突相比，维持矛盾的信念无论有多别扭，都更能使人正确地认识世界；还有一些案例表明，和切实地消除欲望间的冲突相比，无论维持矛盾的欲望有多不舒服，都更有可能带来个人的满足。支持理性统合的第二大原因是，它可能增强人的责任感。在这一点上，一些案例反而说明双重意识让人更能为自己的想法和行为负责。

我们来看看前文所述的一些双重意识的例子。派珀兼具艺术家和哲学家的视角，她认为这让她获取了更多关于这个世界的知识，因为每个视角都从更多方面展现了这个世界，也因为每个视角都揭示了对方的缺点——每个视角在带来独到见解的同时，也不可避免地存在相应的缺陷。她认为，若是将相互对立的视角融合为一个连贯的整体，就必然会失去一些这样的见解。更重要的是，她自己的成就感就来自对这两个视角的发展。尽管在艺术和哲学上的不同追求显然发生了冲突，两种追求却给她带来了个人的满足。而尽管她错过截止日期以及缺课的行为看似表明她没能为自己的行动承担责任，但她似乎又准备好了去承担这样的责任——她自愿放弃了可观的佣金和终身教授职位。伊格尔顿也认为，信任与绝望的结合发挥了作用，使我们对人性的真相有了更深切的认识，使我们更好地去改善人性。在这一点上，二者的冲突并非阻碍，而是动因。实际上，他暗示到，如果要让我们诚实面对并持续努力改善人的境况，就需要维持两个视角之间的紧张局面。既有信任又有绝望会让人不安，但他认为这种状态不仅不会减损，反而会增强我们对于人的境况的责任感（而如果仅有信任或绝望，我们的眼界会变得狭隘，行动也会减少）。

结束争辩

纵观派珀和伊格尔顿（以及杜波依斯、爱默生和艾略特）的例子，他们都接受了双重意识的存在。那么，他们是不是都忽略了更好的选择,既能消除他们所说的(以及折磨他们的)双重意识状态,又不会损失每个视角的独到见解?

要结束冲突,第一种方式,也是最佳方式,是在冲突各方之间寻求解决(resolution)。此处的解决是指在冲突各方之间寻求一致,创造或恢复各方之间的和谐状态。解决可以分为三种:让步(concession)、涵摄(subsumption)和替代(supersession)。更通俗地说,让步指双方都同意其中一方是正确的而另一方是错误的;涵摄指双方都同意其中一方覆盖或包含了另一方;替代指双方都同意第三种观点。

之前的例子都不适合用让步的方式来解决冲突,因为那些相左的观点都有其价值所在:在杜波依斯的例子中,是受过良好教育者的视角和劳工的视角;在爱默生的例子中,是科学的视角和灵性的视角;在艾略特的例子中,是激情的视角和自主性的视角;在派珀的例子中,是艺术家的视角和哲学家的视角;在伊格尔顿的例子中,是信任的视角和警觉的视角;在小镇居民的例子中,是赞赏的视角和沮丧的视角。如果任何冲突视角双方中的一方被完全否定,某些重要的东西就会丢失。

要解决冲突,或许更有望成功的方法还是涵摄——也就是将其中一组观点契合地安置于另一组观点的体系之中。学术理论能否涵摄通过体力劳动获得的知识(或者反之)?心理的科学能否囊括对于灵魂的理解（或者反之）？以激情为出发点的婚姻观念能否包含立足于自主性的婚姻观念（或者反之）？哲学领域的见解能否涵摄艺术领域的见解（或者反之）？诸如此类。如果仅是抽象地谈论涵摄，以上做法似乎很可能取得成功，但从实践经验来看，涵摄的成效仍然存疑。对于既在田间地头劳作同时又在接受大学教育的人来说，涵摄并不能生效，因为他们并不把自己的劳作视为他们理论建构的一部分。对于在人工智能或神经科学中寻找生命的意义的人来说，涵摄也不管用，因为他们终将会失望地发现，这些科学研究不能在他们做出人生的关键决策时为他们提供指引。对于同时将哲学和艺术当作事业的人来说，涵摄也很难解决问题。诸如此类。也就是说，从实践经验来看，我们只会发现人们要么在两种视角之中选择其一，要么同时坚持两种视角，但两者之间的冲突依然存在。我认为，这并不是因为人们在注意力或者推理上出了问题——或者说意识不到一个视角实际上是对立视角的某一面。实际上，这反映出来自对立视角的不同见解虽然相互对抗，但都非常真实。通过一个图式获得的知识不可能在另一个图式获得的知识那里找到契合的位置。

那么，替代，即形成更加包容的第三个观点，又能否解决冲突呢？举例来说，杜波依斯期望非裔美国人将自身冲突的视角融合为一个更伟大的观念时，他似乎就是抱着这种希望。[12]他预想了一个得到发展进化的新族裔，这个族裔从非裔文化传统和美国文化传统这两个冲突的视角中汲取知识，并能够依靠这些知识来创造一个更加理想的联合体：

> 将各种族理想联合而得到的人类手足情谊的理想；促进和发展黑人的特质和天赋的理想，这一理想不是与其他种族对立或轻视其他种族，而是与更崇高的美国共和的理想大体相合。这样，总有一天，在美国大地上，世界的这两大种族将以自身的特质去补足对方的缺憾。

自从杜波依斯写下这些话，这些年来，对于"更崇高的美国共和的理想"——例如自由选择和机会平等，我们听到其所谓的中立性或者普适性，已经变得更为小心谨慎；很多时候，因为人们偏好这些理想，自由放任的经济理论名正言顺地得到了施行，但正是自由放任的经济政策加剧了不平等，并使人不得不遵从主流规约。再次强调，把任何理想抽象到这种程度都会引起相同的问题：这种抽象的理想给出一个词的图景（"人类手足情谊"），将其作为我们思想和行动的指引，但却没有明确具体的应用方式，导致它们作为指引来说近乎无用（要是它们使我们陷于抽象而不再着眼于具体的差异和决策，这不仅是无用,更是有害)。这些词语和图景并不否认我们能克服杜波依斯所说的双重意识,也不否认克服这种双重意识符合我们的利益,但它们让我们严重怀疑能不能通过追求"自由""平等"或者"人类手足情谊"来克服视角的冲突。

我认为,如果我们对一个小镇产生了矛盾的看法,并试图代之以第三个更加包容的看法来克服自身观念的冲突,我们也会面临同样的难题。"人情往来"的图式和"被动攻击"的图式凸显了小镇居民的不同行为模式,而如果有图式能把这些行为模式归入第三种内涵更广的行为模式——例如"自我保护的社区图式",或者"保守的闭塞之地图式",这种图式很可能过于抽象。这样一来,虽然我们此前对于这些行为模式的观察有其特异性和"一针见血"的透彻性,这些观察的结果也会失去意义。(如果试图用"批判性参与"或者"创造性质询"来统合艺术家视角和哲学家视角,也会遇到同样的问题。)这有点像是用互不相通的两个图式来看一幅复杂的马赛克画,一方面将其看作一组星形,另一方面将其看作一组八边形,并希望用一个概括性更强的"几何图形图式"来解决二者的对立问题;这第三个图式的确可以取代前两个图式并克服它们的冲突,但代价却是忽视了前两者所揭示的很多细节。

要结束冲突,第二种方式(或许也是更常见的方式)是对冲突各方采取分离(separation)的做法。我们可以将分离归为两种：实践分离和概念分离。实践分离是指我们给相互对抗的视角清晰地划定各自主导的领域或时机。这种界限可以存在于不同的物理区域、不同的社交场景、不同的任务，或者仅仅是不同的时间段。这种分离能达到恢复内心平静的目的，并使我们得以平稳推进生活中的实际事务。派珀在艺术界和哲学界分别有不同的朋友圈子，她的艺术工作和哲学工作之间也分得很开。爱默生似乎一直把自己在科学和心灵两方面的追索分开。伊格尔顿带着乐观主义向未来前进，但回顾过去时又流露出悲观。不过，这些做法都不是解决分歧，而是回避分歧；不能促成和谐，只能练就容忍。上述作家所面对的冲突源于他们将两个图式同时关联到同一个事物上。他们清楚自己的这些冲突，但都不认为在某一事物上使用其中某一个图式要比使用另一个更为妥当。（派珀珍视艺术界和哲学界对彼此的看法；爱默生分别以科学的视角和灵性的视角来审视同一片树林；在谈及人性的过去和未来时，伊格尔顿承认悲观主义和乐观主义都有其合理性。）然而，他们在实践上将相互对抗的观念分离开来，从而调和内心感受到的冲突。

除了实践分离，还有概念分离。概念分离同样也是只能使人容忍而不能带来和谐。相对主义激进派为概念分离做了一番极端的辩白。他们坚称，信念和欲望只在特定时间和特定主体的特定情境具有相对的正确性或合理性。因为每个视角下的判断永远都不会是针对同一事物,所以如果一个主体的视角随着时间推移或情境改变而变化,就不存在真正的分歧。当然,一个人的思想和行动有可能冒犯或干预到另一个人的思想和行动,在这个意义上冲突是存在的;但既然两个观念不能一概而论,又没有更高一级的上诉法庭能够裁决,那么唯一恰当的应对方式就是对冲突采取容忍的态度。也有不那么激进的做法来实现概念分离。哲学家尤为擅长规避明面上的矛盾——他们进行区分或增加标准,直到没有真正的矛盾之处,这样便可终结冲突。但是,将事物分割得太过精细不仅会危及逻辑,也会危及心理:我们只会且只能在一定程度上进行差异化的思考和行动。我们的思考和行动依赖于辨别周围环境的模式,而尽管我们能将一个已知模式进一步划分为更精细的子模式,这一过程却不能永远进行下去。

第三种,也是最后一种结束争辩的方式,是消解(dissolution)。要消解一场争辩,可以尝试有意识地转移注意力,或者近乎被动地接受"时过境迁"。消解(就此处的意义而言)的最终结果是某种遗忘,或者达成放下过去、继续前行的共识。和解决冲突不同,消解并不通过冲突双方的互相满足来终结矛盾;和分离也不同,消解不会通过使双方都尊重某一边界来终结矛盾。假设我给出一句评论,你感觉受到了冒犯,但我觉得此话一针见血,那么我们有可能争辩一段时间,然后想办法将我们的注意力从这场争论转到别处去——不只是因为我们想暂时从针锋相对中解脱出来，也是因为我们希望能最终忘记我们发生分歧的原因，从而消除继续这场争辩的可能。或者，即便我们记得分歧的原因并各自坚持己见，这些原因在我们的生活中也不再那么重要，因而我们不再会为原先的分歧而烦恼。同样的情形也存在于与自我的争辩中。一个人若是透过激情和限制这两个相斥的滤镜来看待婚姻，他有可能决定先结婚（或不结婚），然后坐等与这个决定相矛盾的观点发生动摇——随时间流逝而消失，这个决定因被忽视而萎缩。小镇居民可能会发现，以积极的眼光看待自己的社区会让他们过得更加舒心，因而他们可能对消极的看法选择"视而不见"。前述的其他例子也同样如此。当然，这种消解的做法有其缺点，那就是因为放弃了某个视角而失去了与之相关的知识。选择结婚的人再也不知道他们失去了什么，小镇居民再也看不到自己社区的缺点，而乐观的自由主义者再也看不到人性的丑恶。有人可能会说，失去这一部分知识后，人能够更投入地追求被保留的视角所提供的知识。即便如此，我们也无法否认存在损失。有人可能会说，一心一意能使人在行动时更为自信。但是，如果"自信"是建立在某种有意的无知之上，我们就很难为这种自信进行有力的辩白。

我无意断言我们应当总是容忍内心的冲突，也并非一律反对本章所述的结束冲突的各种选择。但我的确希望说明一点,即在很多情况下,与其消除冲突,不如保持"自相矛盾"的状态。(接下来的几章会进一步论证这一观点,并就有益的双重意识提供几个尤为深刻的例子。)

维持冲突的模型

在本章最后,我会介绍3种维持双重意识的模型。生活在内心冲突的状态中会让人感到别扭,但有几种方法能提供一些帮助,让我们在与双重意识共存时不那么狼狈,甚至让我们能享受这种状态。

第一个模型是杂耍模型。格洛莉娅·安扎尔朵(Gloria Anzaldua)写道:

> *新混血女性*❶(Mestiza)*发展出对于冲突和多重身份的容忍,以此来应对身份冲突。她学着在墨西哥文化中当一名印第安人,在盎格鲁视角下当一名墨西哥人。她学着拿不同的文化做抛接杂耍。她有多个人格,并在一个多元的模式下行动——无论好坏美丑,她收敛一切,*

---

❶ 此处的混血女性尤指欧洲血统与美洲印第安人血统的混血儿,其人口主要分布于拉丁美洲。——译者注

接受一切,承载一切。她不仅维持冲突,还将这种矛盾心理转变为其他东西。[13]

在这里,安扎尔朵强调的是她分裂的忠诚——印第安人和墨西哥人、墨西哥人和盎格鲁人的身份之间发生了冲突,而她在面对这些冲突时体会到了持续的矛盾心理。同一个事物,在一个视角看来是好的,在另一个视角却是坏的;在一个文化中是合适的,在另一个文化中却是不妥的。消除这些冲突的任何努力,都会导致失去其中某一些文化中有价值的部分(在融合后的文化中,经常是有些文化损失得多,有些文化损失得少);因此,与其尝试消除这种冲突,不如与之合作。安扎尔朵谈到的,是因身处冲突的文化而产生内心冲突的一个典型案例。但和杜波依斯不同的是,她并不希望将冲突的各种文化最终融合为一体。相反,她以杂耍为喻,暗示了在不同文化之间的娴熟转换——像杂耍者玩抛接球一样,先接住这个,再接住那个,各方得到均等的关注,如此循环往复。然而,这个比喻还有更深刻的内涵。当我们身处某一个文化中时,我们所属的其他文化会提出一些与之相对立的要求,这些要求在一定程度上决定了我们与那一个文化互动的基本特质。杂耍者的比喻正体现了这种决定作用的影响之大。正如我们处理某一个小球的方式会被空中其他小球的状况所影响，我们对待自己盎格鲁身份的方式会被身为墨西哥人的事实所影响。杂耍者时刻关注她手中的几个小球，不是在它们冲突的要求之间寻求折中，而是在某种意义上让它们自由发展；即便它们之间存在对抗，她也不断找到方法让每个小球（即她身份的各部分）都能动起来。

在上面所引的那段话的结尾，安扎尔朵写到，文化的杂耍者最后会将她的矛盾心理转变成"其他"——可以想见，这个"其他"比面对两种选择时单纯的矛盾心理更为可取。安扎尔朵所寻找的并非某种新的统合，即最终与自我和谐共处的某种方式。相反，她似乎期待随着冲突的持续而出现新的体验、新的行为和新的机会。"新混血女性"享受着自身冲突的美妙滋味（正如我们会享受酸中带甜或苦中回甘的味道），并借此找到立足于世的新方式。当然，面对互相对立的体验或角色（盎格鲁人和墨西哥人、男性和女性、孩子和家长、法律顾问和喜剧演员），有不少方法可以将它们结合起来，在不消除其对立状态的情况下，最终创造新的体验或角色。

阿德里安·派珀提供了一个类似的享受双重意识的模型。她将自己戴着"三顶帽子"的状态比作创造复调音乐：

> 三个领域之间的关系，就像录制文艺复兴早期约翰内斯·奥克冈（Johannes Ockeghem）的一支弥撒曲，并

进行混音。奥克冈采用复调的作曲方式，将不同的曲调编配给不同的人声或乐器，而且所有的人声和乐器几乎同时表演……聆听这样的音乐有点像在录音室进行混音：在持续不断的复杂乐音中，你能听到好几个不同的曲调在同时进行。这些曲调时而缠绕交织，形成和弦，时而彼此分离，构成对位。你可以针对其中一个曲调进行调节——调大它的音量，使它凸显出来。其他曲调的声音会变得相对较小，但仍然作为背景音存在。接着，被凸显的那个曲调可能被调成背景音，另外两个曲调的音量被调大。它们形成的一连串和弦和对位音乐游移流转，传入你的耳中。尽管所有的声音同时在演奏，你能同时听到所有单独的曲调、和弦及对位音乐。它们既有明显区分，又部分或完全地结合在一起。此时，声乐和器乐像一股股细流，汇成一条潺潺不停的小溪，而你就漂浮在这样的乐音的小溪中。此时，你只管放松，任凭它带你去往任何一个地方。[14]

维持内心冲突的第二个模型是静力锻炼模型。静力锻炼是一种运动方式，指的是在锻炼中通过两组肌肉的互相牵拉来达到互相强化的目的。类似地，在文化导致的内心冲突中，维持内心的争辩不仅能保留对不同文化的亲和力，还能强化相互对立的各方。如果我们的文化传统中有一部分看重内敛的特质，另一部分看重张扬的性格，那么，清晰地意识到并维持两种观念的对立，可以使我们对其中每一个都把握得更牢。正如抵抗某个相反的力能让某块肌肉的轮廓显现出来，当我们内心存在与某一个立场相对立的观点时，只要其有助于使那个立场的"轮廓"更加清晰可见，它就增强了我们将那个立场（那块"肌肉"）为己所用的能力。

除了能增强相互对抗的各方力量，静力训练还能让人的状态更加稳定。当双臂分别向左和向右极力伸展，两侧的力量会互相牵制而达到平衡，此时居于中间的躯干就会更加稳定。当我们的内心存在冲突时，也会出现相似的情况。不同的态度向着相反的方向拉扯，形成一种张力，而这种张力恰恰能使我们的观念保持稳定，增强而非削弱我们内心的平衡性。坦然地追求内心冲突也可以使我们的行为更加稳定。心理疗法有一个常见主题：人在行为上的不稳定性（不稳定经常意味着危险）通常归因于他们无法容忍内心冲突。[15]这样的人倾向于投身于一个又一个的追求，而他们此前压抑或忽视的力量最终又会爆发，抵消他们每一次追求的努力。[16]在人际关系方面，他们对人一时极其亲近，一时又极其抗拒，而这种毫无征兆的态度转变经常让他们与别人之间的关系充满痛苦。[17]对于家长而言，如果他们能同时对孩子感觉到生气和爱怜（厌恶的同时又感到好笑，怀疑的同时也会信任），他们就不那么容易在这两种态度之间反复切换或出现过度反应，也就不那么容易对自己的情感产生困惑或罪恶感。就夫妻而言，无论是对彼此还是对婚姻本身，如果双方容许自己有矛盾的冲动和感情，而不是否认或转向批判的视角，也不是在相互对抗的观念之间反复变换，他们的婚姻就会更加稳定。无须赘言，要做一个有责任感的人，需要先做一个靠得住的人；我们的诺言和计划应当建立在给他人以稳定可靠这一结果的基础之上。所以，至少在一些例子中，维持与自我的争辩能增强自我的稳定性，从而使我们成为能更好地负起责任的主体。

前面提到，伊格尔顿描述的自由主义者同时遵循"信任"和"警觉"两种图式。如果把静力锻炼模型应用在这个例子上，我们就很容易看到，他们内心的争辩和很多外部世界的争辩一样，通过迫使每一方摆出更多的证据和推理来自辩，从而能使每一种立场都更有说服力。尽管两种视角的冲突显而易见，维持两种视角也使得自由主义者可以继续以更加可靠、更加可持续的方式采取行动。

维持内心冲突的第三个模型是扰乱者模型。前面的杂耍模型和静力锻炼模型都是处理已有的内心冲突，而扰乱者模型是要搅动平和的局面，挑起原本不存在的内心冲突——或者更准确地说，是一个人原本没有察觉的冲突。（话虽如此，我们却可能很难判断一个冲突最初只是没有被察觉还是根本不存在;如果一个人认为任何意义都取决于其对立一方的"影子式的在场",那就更难以判断了。)莎士比亚等作家经常在作品中引入愚人角色,来充当扰乱者——通过嘲弄当权者最为珍惜的臆说来削弱他们的权威。[18]在"抬杠"上,哲学家可谓训练有素的扰乱者——看到任何重要的观点,他们不只是提出质疑,而且会积极地为对立的观点辩白。如果有人声称我们生活在一个物质世界,他们就辩称存在的只有意识,如果有人声称受苦是不好的,他们就辩称受苦实际上是有益的,如果有人声称先有思想、后有言语,他们就辩称先有言语、后有思想。这类扰乱并不鲜见,而如果成功了,它就会在原本不存在冲突的地方引发能被察觉的冲突。一般而言,就像鼓励双方律师进行辩论一样,这背后的逻辑在于,费心费力的对立相争是揭示真理的最佳方式。它也可能会让人逐渐学会必要的谦逊。从解构主义,特别是雅克·德里达(Jacques Derrida)的学说出发,扰乱者的介入还有更进一步的目的:在解读言语时,通过为相互对立的解释辩白来避免权力不断集中而形成主流话语。在这一思想流派中,颠覆集权的目的不在于进一步发现真理,也不在于促成谦逊的品质或增强稳定性,而在于抵抗一切主流话语,对抗任何时候、任何地点的权力集中。最后,无论相关的真相如何,原先隐藏的视角,特别是那些颠覆主流观点的视角,常常更能引起我们的兴趣。对永不停歇的扰乱者而言，引起我们的兴趣是又一个目标。

当然，我们可以扮演自己的扰乱者——持续挑战自己原有的假设，在自己的内心颠覆集中的权力。欣赏小镇的人可以尝试多看看小镇的缺点；反之亦然。科学家可以暂时放下自己的思维方式，尝试理解否定科学的人。唯灵论者可以暂时放下对精神的坚持，向唯物论迈出一步。扰乱者模型和杂耍模型、静力锻炼模型这两者都不同，后两者告诉我们如何更和谐地与冲突共存，并保持更稳定的状态，但前者假定两个图式之中总有一个会取得主导地位，而无论是哪个图式取得主导地位，从认识论上、道德上或审美上来说，这种一方主导的局面在本质上是有害的。因此，扰乱者模型使我们一直保持戒备，防止权力集中到任何一个观点上；同时，通过培养相互冲突的图式，它一直致力于妨碍上述的权力。

维持内心冲突的方式或模型有很多，本章并未穷尽一切可能性。但本章的探讨表明，有一些方式能让我们与自我的争辩少一些痛苦，多一些益处——这种争辩的目的可以是保存自我不同部分的完整性和丰富性，可以是使我们的内心以及我们与他人的关系更加稳定，也可以是分散权力、避免集权，并调动受压抑的能量。在接下来的几章，我会就双重意识现象再给出其他重要的例子，并思考以上的每一个模型如何适用于这些例子。

第二章
时间的重影

自相矛盾也无可厚非

    记忆像被再次划开的伤口一般阵阵刺痛。此时,一个人的过去不再仅仅是一段死寂的历史,不仅仅是为现在所做的、如今已然废弃的铺垫;它不是忏悔了就可以在生命中摆脱的错误;它仍是他的一部分,时时颤动着,让他打个寒战,嘴里发苦,因事出有因的羞愧而感到刺痛。

——乔治·艾略特

    这段文字摘自乔治·艾略特的《米德尔马契》(*Middlemarch*)。鲜活的记忆究竟如何扰乱我们当前的体验,艾略特捕捉到了很重要的一点:当我们思索自己的现状时,记忆不仅会打断我们的思考,还会创造一种看待现状的双重视角。这一段与一个叫巴尔斯特罗德(Balstrode)的角色有关❶。他的一系列决定从他先前的道德图式来看，应该受到指责，但从他后来的道德图式来看，却是合理的。巴尔斯特罗德不只是回忆自己的过去并感到后悔；确切地说，他唤起了他年轻时候采取的视角，体会到过去和现在的两个视角发生碰撞，因而内心充满矛盾。他的记忆重新激活了他过去的自我，这个自我的视角不仅属于过去，也变成了他现在的自我中"时时颤动着"的一部分，让现在的自我"打个寒战，嘴里发苦"。这就是一种典型的双重意识。在很多情况下，这种双重意识值得保留。

很多哲学家声称，记忆的边界在一定程度上决定了自我的边界。[1]一旦忘记某些想法或行为，这些想法或行为就不再是自我的一部分（或许我也不再需要为之负责）。[2]这个观点招来了很多反对的意见：有人反对将自我限制在能被意识到的东西上；有人反对其中包含的循环论证，即以记忆的连续

---

❶ 与这段引文相关的故事情节是：巴尔斯特罗德曾经是一个虔诚的教徒。他通过教会结识了富翁邓科克（Duncock）先生，并为其工作。邓科克先生去世后，巴尔斯特罗德打算娶其遗孀，并希望获得她的财产。但是，这笔财产其实另有合法继承人。她想要找到这位继承人，于是巴尔斯特罗德雇了一个叫拉弗斯（Lavers）的人去寻找继承人的下落。拉弗斯的确找到了这位继承人，但巴尔斯特罗德却贿赂了拉弗斯，让后者隐瞒了已找到继承人的消息。同时，邓科克太太慢慢放弃了找到继承人的希望，最终与巴尔斯特罗德结婚。没过几年她就去世了，而巴尔斯特罗德继承了她的财产，从此开始发迹。事隔多年，拉弗斯再次出现在巴尔斯特罗德面前，于是勾起了后者的回忆。——译者注

性来决定什么是自我,又用自我的连续性来决定什么是记忆;有人反对仅仅强调记忆的作用,而忽略了其他形式的心理连续性。³这些争论围绕着记忆如何影响自我在时间中的存续性。不过,我所要探究的是我们如何体验记忆,尤其是某些类型的记忆如何产生一种有价值的双重意识。

情节记忆与想象中的未来

我关注的这种记忆通常被称为"情节"(episodic)记忆或"自传式"(autobiographical)记忆。(这些术语有一定的误导性,因为这种记忆不一定是短暂的❶,也不一定是关于个人自身的。)这种记忆的一个重要特征是它重现或重新创造了第一人称视角的体验。当一个人回忆起自己走过一片薰衣草花田,或是想起自己曾经喜欢喧闹的摇滚乐,他不只记起了相应的事件,也重现了当时的体验:他再次走在花田间,从离地1.5米的高度望向远方,嗅着薰衣草那干燥的香气,留意到薰衣草的颜色在接近地平线的地方变得模糊;他再次感受到摇滚乐的鼓点所带来的震撼,感到被唤醒的欲望和反叛精神,感到走出了自我,融入了一个更大的整体。这种记忆不一定准确⁴,

---

❶ "情节记忆"一词中的"情节"(episodic)也有"短暂"之意。——译者注

但总是让人感到再次"身临其境"。与情节记忆相对而经常被提及的,是"语义"(semantic)记忆、"事实性"(factual)记忆或"概化"(general)记忆,即一个人记得发生过某些事件,但对于这些事件的第一人称视角体验却不会被重新激活。(这些术语同样具有误导性,因为语义记忆未必以语言的形式留存下来,事实性记忆也未必完全符合事实,而概化记忆也可以是与非常具体的事物相关的记忆。[5])我们大多数的记忆是两者的结合,并且其中一种常常渗透至另一种之中,但(在哲学上和科学上)将两者区别开来是有帮助的。[6]

关于情节记忆,在普鲁斯特的作品中有一个很好的例子:老年的马塞尔被绊了一下,险些摔倒,这不仅让他回忆起此前的一系列经历,更是重新激活了他以前的思维框架:

> 我猛然后退,一下子被马车房前面不平整的地砖给绊到。在努力稳住身子的同时,我一脚踩到一块比旁边稍低的石头上。此时,我所有的挫折感都消失了,取而代之的是一种幸福。在我人生中的不同时期,我也体会过这一种幸福,其源于我在某次乘车途经巴尔贝克(Balbec)附近时看到似曾相识的树木;源于我看到马丁维尔(Martinville)的双子尖塔;源于我尝到蘸了茶的玛德琳蛋糕;源于我感觉梵泰蒂尔(Vinteuil)的最后一批

作品全都结合了最精粹的特点。彼时,在我尝到玛德琳蛋糕的那一刻,所有对于未来的焦虑和智识上的疑惑都消失了。与此相似,就在几秒钟以前,我还受制于我是否具有文学天赋,甚至是文学本身是否只是虚无,如今这些烦恼突然烟消云散,这实在神奇。

在以第一人称视角重现过往经历时,例如回想起薰衣草花田的形状和颜色、听摇滚乐时的激动或者玛德琳蛋糕的味道时,我们会同时站在两个不同的视角,一个是我们在回忆时重新获得的视角,一个是我们当下的视角。我指的不是以前者来看待薰衣草花田、摇滚乐或玛德琳蛋糕,以后者来看待桌子、电话或地砖;这种差异在于我们关注的不同对象,不在于用来体验某一特定事件的图式。我要说的差异存在于过去的视角和现在的视角之间,也就是一个人在看待花田、音乐或人生时会同时采用的两种视角。他过去觉得某一首摇滚乐充满野性、意义深刻,但从现在的视角来看,他可能会觉得这首歌曲无病呻吟、肤浅愚蠢。这两种看法会发生冲突。或者,在他以前的体验中,某一首摇滚乐不过是简单地激发了动物本能,现在他却认为那是精巧的创作。无论是哪一种,如果我们清晰地回忆起过往体验,我们可能都会感到不安和不适。

过去视角和当下视角之间的冲突有多剧烈,取决于两者之间的差异有多大,以及这种差异的影响有多大。对于走过一片薰衣草花田、听一场摇滚音乐会或者吃玛德琳蛋糕这样的事,虽然触发的回忆可能会带来混乱,但当我们通过图式的形式来整理个人体验时,这类回忆不太可能导致持续的重大冲突,因而也无须担心所谓的双重意识现象。相比之下,艾略特笔下的人物巴尔斯特罗德一直经受着内心巨大的矛盾。冲突的一方是他过去对于正义的坚定信念("他曾毫不费力地相信自己有一种天赐的特质"),另一方是他后来在生意场上接受的功利性实用主义:

> 日日夜夜,他总感到过去的一个个场景横亘在他和其他一切事物之间,盘桓着不肯消失,就好比我们在灯火辉煌的房间里透过窗子往外看,却发现自己的面前不是窗玻璃和外面的树,而是我们所背弃的一切。只有短暂的睡眠能稍微打断这种感觉,但睡眠也仅仅是将往事和恐惧织成一个幻想的礼物。一连串的事件,无论是内心的还是外界的,统统出现在同一个视野中:尽管它们轮番占据他的心头,但其余的事情仍然在意识中挥之不去。

巴尔斯特罗德的体验代表了一种非常常见的双重意识。很多人都有类似的情况:他们过去抱着理想主义,现在却循规蹈矩；他们过去的自我冲劲十足，现在的自我却步步为营；他们过去的信念可以不顾一切，而现在的信念却必须精心算计。这样的过去和现在存在着巨大的反差，给他们带来了持续的困扰。另一些人的困扰在于，过去的自我极为理性，现在的自我则走向反面，或是过去对社会有归属感，现在却感到边缘化（或者反之）。假设现在一个人已经成为律师，或者他的孩子和他一起住在家里。从他过去的自我的角度来看，这可能是一种不错的生活，也可能代表一种失败（取决于此人过去的期待和价值观）。如果一个人只记得过去的眼光与现在有别这件事，即对此具有事实层面的（语义）记忆，这就不太可能爆发内心冲突。但如果他记得以过去的那种眼光来看待事物是种怎样的体验，即具有体验层面的（情节）记忆，这就会给他的生活带来冲突，在他当下的体验中引发一种特别的矛盾感。

羞耻感和否定感（或者骄傲和赞赏）可以指向过去，也可以指向现在；从现在的视角来看过去，一个人可能会认为过去的经历是可耻的（或值得赞赏的），而从过去的视角来看现在，一个人可能会认为现状是可耻的。从巴尔斯特罗德过去的理想主义视角来看，他在生意上为一己之利而做出的决定是可耻的，但从他现在的实用主义视角来看，他过去的正义宣言是可耻的。（并不是只有两个事件引起同等强烈或有效的羞耻感时才会产生这种对称的羞耻感。）他并不只是对过去或现在的行动感到羞耻,也是对自己过去或现在的为人感到羞耻。结果,现在的他感到在过去的自我和现在的自我之间存在着深层次的冲突。

过去和现在的两个自我之间的冲突不一定非要带来痛苦才会有影响力。泰莎·哈德利(Tessa Hadley)写了不少短篇故事,反映了我们与过去的视角之间别扭而又满足的关系。她如此描述自己在重读儿时最爱的一个故事时的体验:

> 重读儿时对自己产生了重大影响的一本书,真是一种奇怪的体验,感觉之强烈堪比再访某个失落之地。一时之间,我对这本书的面貌既了然于心,又感到陌生;我似乎是循着上次来访时的足迹踏入这个世界的。当我以成年人的眼光环顾四周,我感到自己的目光能越过这秘密花园的墙头,能看到思想体系的根基,能理解语境,能嗅到谬误。尽管如此……我却更想要听凭摆布。至少可以说,如果这本书像《秘密花园》那样内涵丰富,充满勇气,结构精巧,就会给人这样的感觉。
>
> 我那疑虑重重、惯于批判的自我似乎变小了。这个自我先是在书中的世界徜徉,然后在那个愿意去相信的孩子的内心漫步;正是那个孩子第一个到达了这里。在那个孩子的体验所构成的广阔天地中,感到渺小的是那个成年人。

在这里形成对比的，一方是她轻信盲从的童年视角，另一方是她老于世故、总在怀疑的成人视角。"勇气"和"谬误"、着迷和怀疑之间的冲突，当然不只是解读故事的两种方式之间的冲突，还是两种不同观念之间的冲突；这两种观念分别主导了她的童年生活和成人生活。在她重读一本童年时期的书时，她的童年视角占据了主导地位，但成人视角得以保留。在她继续现在的生活时，她的成人视角占据了主导地位，但童年视角仍然存在。哈德利的评价中有一点值得注意，那就是尽管两种视角有冲突，但她对两者都给予了尊重。童年视角并未左右成年生活的选择，但她也将往事留存了下来，将过去储存起来、保护起来，并对其"保持忠诚"。[7]

如果是想象未来的自我，相似的冲突会在何种程度上出现？和回忆一样，想象不一定会激活第一人称视角体验；即便会，也有程度之分。我可以想象出自己下周去拔牙的情景——想象我的头往后仰，有一根针刺了一下，牙医捏着我的下巴，诸如此类（这是一种类似于所谓情节记忆的"情节"想象）。或者，我也可以只假定我下周会去拔牙，并在这个意义上想象下周会发生这么一件事（这相当于"语义"想象）。[8]我可以让身处牙科诊所的焦虑浮现出来，也可以仅仅预测我到时候会感到焦虑。在预料未来事件时，以下几个因素决定我们构建的第一人称视角体验的准确度：我们过去是否有相似的体验，我们对于空间和情感的想象力有多强，我们愿意为构建体验付出多大努力，以及我们对于未来事件所处的情境了解多少。这与记忆不同。记忆常常不请自来，不需要任何努力，也不需要多少情境信息；第一人称视角体验已经储存在记忆中，不需要我们再去创造——至少不需要那么多的创造成分。例如，我们可以突然记起坐在牙医的椅子上的经历，却不用明确这段经历的具体时间和地点，也不必解释现在想起这件事的缘由。然而，记忆（包括第一人称视角记忆）的欺骗性广为人知，而且总的来说，没有理由认为第一人称记忆比第一人称的想象要更为准确。[9]

当我们以第一人称视角勾画出未来的场景，并对这番想象抱有合理的信心时，我们会体验到一种内心冲突。这种冲突与前文所述的记忆引发的内心冲突相似。虽然拔牙只是生活琐事，但这个例子表明一个人当前对于未来事件的态度（冷静地接受）可能与想象中的未来的态度（焦虑）相冲突。（在这个例子中，当前的态度也可以是焦虑的，而未来的态度可以是冷静的。）如果在我们的想象中未来的自我比现在更迟缓、更悲伤，或者更困惑、更忧虑，我们可能会体验到更重大的内心冲突。只要我们相信自己对于未来的想象是准确的，且我们在当下体验中经常进行这种想象，那我们就会体验到另一种双重意识。不过，后续我们会看到，比起在看待未来时发展和维持双重视角,我们通常有更充分的理由在看待过去时维持双重视角。

是否该消除冲突?

无论是回想起一个过去的视角,还是想象出一个未来的视角,某些结束冲突的方法都不可行。在一场争辩中,一方可以向另一方让步,从而结束冲突。然而,我们与过去的自我发生冲突时,有一方是不能改变的,因为它现在已经不存在了(过去的我无法改变过去的观念)。同时,现在的自我不可能真的向过去让步,因为它无法回到过去,撤销以前的立场给后来的立场带来的改变。儿童时期的哈德利不能抛弃其动辄轻信的特质,转而接受成年哈德利的老练和谨慎(儿时的她甚至都无法理解这种老练和谨慎)。成年哈德利也不可能重新获得儿时那种愿意相信他人的热情(即便成年的她希望如此)。如出一辙的是,虽然回想起来的过去确实有可能影响和改变哈德利现在的观念,但鉴于她过去的自我不可改变,因此这种情况无法构成对于冲突的解决(也不会结束内心冲突)。[10]

但如果我们面对的是想象中未来的自我,我们似乎有望为两者的冲突求得解决之法,因为未来的自我还不存在,而且我们可以从某一个想象的未来转移到另一个。或许,我想象中的未来自我应当顺从当前这个冷静的自我（或者反之，当前这个冷静的自我应当顺从未来那个焦虑的自我）。在一些情况下，这似乎是正确选择：不只是可行的做法，而且是优选做法。然而，在另一些重要的情境下，我们不可能这么做。例如，假设我想象的未来自我在精神机能上受到了极大的损伤，那么，这个未来的自我不可能向我现在的观念让步（而现在的自我也没有理由向这个未来的自我让步）；在这种情况下，我之所以在想象未来的自我时体验到一种冲突，是因为无论哪一种理性思考都打动不了一个心智不健全的自我。[11] 相似地，假设在我的想象中，和现在的我相比，未来的我对这个世界积累了更多的失望，经受了更多的损失，因而变得越来越厌世。在这种情况下，除非从未经历过那些失望和损失，否则未来的自我很难向相对幸福的现在的自我让步；同时，除非真正地经历那些失望和损失，否则现在的自我同样很难向未来的自我让步。

不过，矛盾的解决还有第三种方式，那就是涵摄，即以一种视角包含另一种。当过去与现在或是现在与未来的不同自我发生冲突时，涵摄似乎是一种再合适不过的解决方法。（人们通常的印象是成人视角包含了童年视角，但哈德利写道："在那个孩子的体验所构成的广阔天地中，感到渺小的是那个成年人。"她的描述颠覆了这个印象，不过包含的意象仍然存在。)在看待我们过去的视角时,如果我们能将其以某种方式纳入现在的视角——也就是不再认为过去的视角与现在的视角相对立,转而认为前者为后者做出了贡献,那么我们最终有可能解决与过去和现在相关的内心冲突。(我们也可以用相似的方式将现在的视角纳入未来的视角。)许多自传都采用了这一思路。无论主人公具体经历了什么,最终形成的视角又是什么样,这些自传都将一个人从小到大的成长描述为一种经历的积累,而这种经历的积累又融合成为一个更加复杂的视角。

在我们的生活中,有很多例子可以说明后形成的观念涵摄先前的观念:童年时期认为爱是一种让人愉悦的羁绊,长大成人后认为爱意味着敞开心扉、奉献自我;早年觉得某份工作是高尚的,后来却觉得这份工作虽然高尚,但并非很好的选择;起初对于某个社会团体的印象是不够包容,后来理解了这只是焦虑和自我保护的表现。这些后形成的视角并没有否定先前的视角,而是将先前的视角置于一个更大的情境中,使得一个人的思考和应对变得更加深刻、更加复杂。这样,后来的视角就整合了先前的视角。然而,在很多其他的例子中,我们的生活并不尽然如此,即过去的视角不能被整合到现在的视角中:早年的爱情观念或许与后来的爱情观念相差甚远;以前认为内涵深刻的歌曲现在看来其实毫无新意;

年轻时的豪情壮志在年岁增长之后似乎毫无意义。(在以上的例子中,我假定相对立的两种观念都有其合理性,即双方虽然发生了冲突,但都不认为对方是错误的。)我们现在的观念并不能简单地等同于过往诸观念的积累和融合;有时,现在的观念是对过往观念的断然否定。[12]

有时候,试图以一个视角来验证另一个,似乎是一种自欺(bad faith)❶——一个人本应对自己过去或者现在的面貌负起责任,却通过涵摄来巧妙地逃避了这种责任。例如,艾略特笔下的巴尔斯特罗德夺取了他人的财产,他却力图将这一行为描述为侍奉上帝的一种迂回的方式:

> "汝知我心对此俗物一贯漠然——它们于我不过工具,使我得以为汝于荒野之中一尺一寸地开拓花园。"他有充足的比喻和先例;他也不缺灵魂的奇异体验,而这最终让他所享有的地位看起来像是上帝要求的侍奉……巴尔斯特罗德想,一直以来,是了不起的天意默许他走上了这样的人生道路,为他指明方向,让他尽可能利用好一笔巨额财产,使这笔财产免遭误用。

---

❶ 关于"自欺",可参考让-保罗·萨特(Jean·Paul Sartre)的相关著作。——译者注

巴尔斯特罗德曾经是宗教信仰的典范，如今却为不光彩的逐利行为而辩解。他如果能够承认这一点，想必会更加诚实地面对自己。相似地，有人为了以科学观念涵摄有神论观念，将"神"重新定义为"万物起源"（也就是宇宙大爆炸？）或"无有比其更伟大之存有者"，或者将"意志"重新定义为"生理作用的产物"。此时，他们似乎不愿面对一个事实：他们不再信神，或说不再相信自由意志。[13]像这样的重新定义，有可能让过去的某些文字、信条或习俗在当下能被接受，但这不过是投机取巧——这是在消解有神论，而不是真正的涵摄。

我们可以把这种涵摄的策略与作家南希·威拉德（Nancy Willard）接受魔法与科学的策略做个比较。威拉德写道：

> 在成长过程中，我意识到看待世界有两种方式，它们互相对立，但又能在同一个人身上并存。其中之一是科学的视角（我父亲是个科学家），另一个是魔法的视角（我母亲很会讲故事）。我们大多数人兜兜转转，最终会回到科学的视角。长大成人后，我们抛弃了魔法和其他孩子气的东西。但我想，我们都记得自己曾经既认同科学，也相信魔法；既重视我们看得见的东西，也重视我们看不见的东西。
>
> …………

我相信，所有的小孩子以及一部分成年人同时拥有魔法和科学的视角。我也相信，是那些同时有这两种视角的作家写出了那些让孩子们受益匪浅的书。

威拉德并没有为了让科学涵摄魔法（或以魔法涵摄科学）而将"魔法"重新定义为"神奇"，而是享受双重视角的心理状态。在这种状态下，魔法视角与科学视角尽管存在明显的对立，却能够共存。[14]

要结束魔法和科学之间的冲突，有一些很简单的方法，例如把魔法归到玩耍或者儿童文学的范围内，并让科学得以全面统领我们在实际生活中的决策。在处理宗教和科学的冲突时，这种分离的做法显得比较乏力，因为不只是科学，宗教也意在引导我们做出实际决策；不过，或许可以将关乎道德的决定与涉及医疗或机械的决定分开，由宗教充当前者的权威，让科学充当后者的权威。这种解决冲突的方法，是我们在第一章里讲到的分离，即通过为冲突各方分配不同的领域来结束冲突。那么，如果要消除过去视角与现在视角之间的冲突感，能否也采用给两者分配不同的时间领域的方法——看待过去时只使用过去视角，看待现在时只使用现在视角？要理解这个设想，有几种不同的方式，而其中一些比另一些更有道理。

将过去视角限制在过去的一种方法，是不再回忆这些视角，也就是不再将它们带入"现在"这个它们本不该出现的领域。（同样，在应对想象中的未来时，我们可以停止想象未来的自我。）这需要我们阻止它们在我们的生活里重新出现——我们可以不再关注，或是专注于其他事情。但是，这么做的结果不是成功的分离，而是消解：冲突之所以会消失，只是因为冲突的一方消失了。即便某个过去视角与现在的观念相冲突，我们大多数人也不一定愿意抛弃与之相关的情节记忆（处理对于未来观念的生动想象时也是如此）。因此，哪怕这个做法有可能结束内心的冲突，其结果也不是我们想要的。

将过去视角限制在过去的另一种方法，是在它们浮现时将其当作一个已经不存在的自我的视角。以童年时期对于魔法的感知或青年时期对于上帝的坚定信仰为例。我们将这些经历作为情节记忆来回忆时，可以当作自己在使用一个虚拟现实设备，假装是设备中的程序重现了很久以前某个孩子或某个青年的体验。一个人可以以第一人称视角来体验他人的经历，但只要他知道这不是他本人的经历，就不会有内心冲突。可惜，过往的经历并不是这样的；当清晰地忆起过去的观念时，我们仍然感到这些过去的东西是我们的一部分，但电影场景再怎么逼真，也不会给我们这种感觉。或许，我们可以学着像对待虚拟现实设备那样，将这些回忆看作接触他人体验的一次有趣的机会。但是，如果冲突涉及重大的信念和价值观——"重大"指的是能决定一个人是如何看待很多事物的观念——这种分离方式就更难以成功。虚拟现实设备（或者强力的致幻药物）能激发我们以全新的眼光去看待世界以及自己的生活，但它们很难被简单地归为"他人的视角"；分离给我们的感觉更像是被扔进一部电影里，而电影里的视角与我们自己的视角相冲突——至少在一段时间内，这必定会引发内心冲突。

对于视角上的巨变——无论其原因是记忆、虚拟现实设备还是其他，我们有可能将其当作自我的短暂改变。[15] 盖伦·斯特劳森（Galen Strawson）提出了"情节自我"（episodic selves）的概念，并解释了存在情节自我的可能性和好处。情节自我只在相对短暂的时间内存在，一旦视角发生巨变就会消失（并被另一个自我取代）。一个自我存在的时间能有多短目前还未明确（他虽然并不支持做长远规划，但确实认为情节自我也可以负起责任来），不过，根据斯特劳森的理论，人完全可以从一个自我频繁地转换到另一个自我，也可以经常在不同的自我之间摇摆。这样，当一个过去视角清晰地浮现时，我们就有可能将其当作一个过去的自我的重现。我们不清楚为何过去的自我会和未来的自我发生争执（毕竟它们并不是同时存在的），但即便真的出现了这种冲突，那也不是自己与自己的冲突。显然，这样来区分不同的自我并非常规做法；但如果这种方式长期有效（不只是作为说话的方式，也是作为生活的方式），那么，这又是一种通过有效的分离来避免内心冲突的方法。

还有一种相对温和的方法，就是将自身的经历划分为不同的阶段，将过去的阶段分配给过去视角（或是把未来的阶段分配给未来视角）。这样做能实现同样的分离效果吗？这种做法的问题在于，只要过去视角与现在视角（或现在视角与未来视角）之间的冲突在体验上是一种当下的内心冲突，这种做法就无法结束冲突；要么就是，它最终会在某种程度上变成斯特劳森的情节自我理论。再次强调，我们要探讨的冲突不是逻辑上的矛盾（划分不同的时间阶段的确能规避这个矛盾），而是体验上的冲突，即体验到被同时拉向不同的方向。[16]当然，一个人可以借助逻辑来缓和内心的冲突感。想象并不等于相信，以第一人称重新体验一个过去视角，并不等于在当下接受那个过去视角；即使两者的观感完全相同，它们的框架和目标也存在差异。[17]但是，这么说就低估了事物当下的观感的扰乱作用，也高估了以逻辑冷静分析的力量；换而言之，这是高估了可以通过语言分析施加影响的"疗法"。[18]当我清晰地感受到视角之间的冲突,我可以提醒自己,此刻我只是在回忆,而不是接受过去的视角。但是,仅凭这一点还不足以减轻过去的自我造成的拉力。

科拉·戴蒙德(Cora Diamond)提出了一个更激烈的说法。她坚称,如果通过语言分析来克服冲突(特别是通过区分不同的语言游戏),结果常常是我们会远离生活在这个世界上更深层次的困难。她谈到,如果看到照片中的人充满活力,同时又知道这些人已经过世,有些人会感到迷茫。她如此写道:

> 现在,显然可以描述一下这张照片,以消除突兀之感。在拍下这张照片后不久,照片中的男人们就过世了,死时年纪尚轻。那么,矛盾之处在哪里呢?我们的概念完全足以描述那样的一张照片。再想象一下,给孩子看他爷爷的一张照片,而孩子知道爷爷已经死了。在这种情况下,要怎么和孩子解释?如果孩子问:"他要是死了,为什么还在笑?"他得到的回答可能是,拍照的时候他在笑,因为那时候他还没死,但是后来他死了。这样的回答就是在教孩子所谓的语言游戏,让他知道,学会在这个游戏中如何以言语谈及事物,他的问题就消失了。他看待某个问题的视角还未进入这个游戏;与此同时,使那位诗人——

言语者（poet-speaker）因这可怖的矛盾而感到震撼的视角，正是再也不能在这个游戏中言语的人的视角。[19]

戴蒙德希望为这"可怖的矛盾"留下的印象说句公道话——哪怕（或者特别是）我们一旦进入常规的语言游戏中，这个矛盾就消失了。❶我们对于世界的感知存在着深刻的扰乱现象，而如果我们仅仅将其当作无法正确使用日常语言所造成的混乱现象，那我们就错失了一些重要的东西。

被叙述的自我和褶子里的自我

我们一直关注的是以第一人称视角重现的记忆（情节记忆），与之相对的是仅仅被叙述的记忆（语义记忆）。当然，被叙述的记忆取代被重现的记忆是很常见的（你记得你曾经信神，却忘记了信神是种什么样的体验）。此时，我们就体验不到第一人称视角上的冲突了。被重现的记忆也常常发生转变，使得记忆与当前视角之间的冲突感得到了缓和。在很多情况下，

---

❶ 或可理解为：虽然我们可以通过语言游戏（诉诸语言表达）来理解生与死的反差，但这种反差仍然会给我们造成深刻的影响。戴蒙德想要强调的就是这种影响。——译者注

当我们回想起往事，当时的体验已经淡化褪色——不再那么痛彻心扉、那么详尽。这样一来，冲突感就变得非常微弱。这种淡化的过程是自发的，由不得我们。在另一些情况下，过往经历的重现极富选择性和程式化——例如，这样便于支撑我们过于理想化的自我认知。这同样会使得过去与现在视角之间的冲突渐渐趋于消失。有时，我们选择性地记住某些往事，以使记忆（从自己当前的视角来看）尽可能地符合我们对于理想的生活状态的整体设想。这种选择性的记忆被尼古拉斯·达姆斯（Nicholas Dames）称为"怀旧式记忆"（nostalgic memory）。[20]达姆斯提到，将我们从一个记忆带到另一个记忆的（也就是联想记忆），是相关性（relevance）、协调性（concordance）和完整性（integrity）三大原则。有些记忆会使我们对于过去和现在形成一种更加统合的看法，有些则会扰乱这种统合的看法，而我们的大脑倾向于选择前者，避开后者。

三大原则描述的，并不只是回想往事的通常条件，而且是最佳条件。无论是常规还是理想化的条件，都在一个头脑的想象之中相互衔接，这个头脑能深度整理和修理对于往事的记录，懂得恰当地叙述因果关系的好处，能精简细节，能接连展开预叙和信息型倒叙（即快进和回闪）。

偏向统合性的选取作用也主导着我们对于未来的想象。在我的想象中，现在的我向前延伸，就形成了未来的我——变化是一定会有的，但只会发生在我已经选定的方向上（无论是变好还是变坏），而且以我当前的视角来看，这些变化都事出有因。例如，假设现在的我记性很差，那么我完全有理由想象当现在的我延伸到未来时，会形成一个记性很差的未来的我；假设我知道随着年龄的增长，身边故去的人会越来越多，那么我完全有理由想象未来的自己能够接受死亡。然而，如果与过去的自我相比，预期的未来的自我更多地受限于现在的自我，那么，与回忆起一个和现在差异极大的过去的自我相比，想象一个和现在差异很大的未来的自我要困难得多。例如，我可以生动地记起自己曾经如何以截然不同的观念来看待宗教或音乐，却很难生动地想象出另一套对现在的我而言同样陌生的观念——例如一个伊斯兰"圣战分子"的观念，或者一个音痴的体验。因此，即便我们的记忆能抵抗统合性给我们的扭曲，我们的想象也很难抵抗。

有时候，我们很难察觉过去的视角和现在的视角之间的冲突感——在想到过去时，人们可能不会看到某些鲜活的记忆与现在视角存在明显的对峙，而仅仅是感到一种挥之不去的不安（想象未来时也同样如此）。在重访童年时期的家、学校或小镇等地方时，第一人称视角的记忆与第一人称视角的当下体验常常让人们感到迷茫，但他们也说不清究竟是哪里发生了变化。这些地方即便时隔多年依旧如此，但在我们的眼中可能已大不一样，这主要是因为我们自己的视角已经明显地发生了改变；同时，视角的改变也让我们以不同的眼光来看待过去的自己（例如觉得过去的自己比现在脆弱、自恋或焦虑）。同样，和旧友恢复联系时，我们会有一种奇怪的感觉：我们联系的好像是寄居在同一个身体中的另一个人。这种感觉所反映的可能主要不是朋友的变化，而是我们自己的变化。

将过去视角与现在视角相结合所引发的内在分裂感可能只是暂时的，也可能是长期的。我们来看安妮塔·布鲁克纳（Anita Brookner）笔下的一个角色赫兹（Hertz）。赫兹的现在视角对于他过去的眷恋采取了一种疏离的态度，这种过去与现在之间的反差让他终日惶惶不安。

> 审视这些照片总是既让他厌恶，又勾起他的好奇心：这些照片和他现在所认识的任何人没有丝毫关系，而是一种令他痛苦的记录。他曾经那么喜爱照片上的这些人，如今这种情感却几乎消失殆尽。

他很清楚地意识到过去视角与现在视角的反差，并因这种反差而整天心事重重。很少有人会希望自己处于赫兹的这种状态：这是一个忧郁的角色，没有什么令人欣赏的地方。那么，为什么说我们应该继续唤醒过去视角呢？偶尔回忆往事可能是有趣的、有益的，但终日沉湎于往事是一种严重的机能失调。

道理在于，我们只有保持记忆的鲜活，才能将过去抛在身后。记忆既包括能够有意识地被回想起来的经历，也包括往事在潜意识里造成的影响。两者作为记忆被唤醒的方式有很大的不同。当我有意识地回忆起与母亲在一起的一段经历，并想起这段经历给我的感觉，我会将之称为记忆；此刻，我想起的场景并不在我的眼前，记忆中的母亲也不同于我现在所知的母亲。如果记忆是在潜意识里，这种区别就消失了。童年时期的很多经历持续影响着我们对于身边环境的感受和感知。当我们遇到的人和童年时期认识的人相似，或者当我们处于和童年时期相似的情境中，童年时期的一些感受（例如恐惧、幸灾乐祸、孤独）以及感知（例如对危险、机遇、遗弃的感知）会在潜意识里被激活。[21]然而，只要这些记忆仍然停留在潜意识层面，我们就无法将其与现在的感受和感知分开；我们将无法区别过去的影响与现在的影响，也无法限制记忆带来的影响。如果我们能在头脑中清晰地区分过去与现在，我们就能更准确地感知事物（这是认识上的优势），并能更有效地采取行动（这是实践上的优势）。实际上，有些心理治疗就是要让我们回忆过去的经历，即把过去的经历变成意识中的记忆。这种疗法有一个常被提及的目的，就是让我们能够区分过去与现在，并借此在某种程度上控制往事对我们的影响。[22]有意识地回忆往事就不会使潜意识渗透进我们当前的观念中，而是让往事与现在之间的界限得以保留下来。这样一来，我们就能更好地解决、包容甚至享受内心冲突，因为我们能更好地区分对立视角的不同来源和特征。

有意识地回忆过去并分离过去与现在，可以极大地帮助我们增进认识，乃至因此更加懂得如何顺利地生活下去。其中的原因在于，这样做有助于我们更加真实地认识过去和未来，从而增进我们的认识；这样做也有助于我们抵御来自往事的侵扰，从而更好地活在当下。不仅如此，只要情节记忆为我们的生活额外增加一个"维度"，它就还有一个"形而上的"重要影响。我们来看弗朗索瓦丝·梅尔策关于记忆的思考：

> 和之前一样，有一种在意志的驱使下保存被记住的景象的努力；但除此之外，现在还有一种能力："作为地点的现在"的光逐渐暗淡，而在这渐暗的光里，记忆本身的恒常光辉既能还原消逝的旧日景象，同时又能将其

局限在一定范围内，使其不能被重温。当过去的维度展开，并成为我们所思考的记忆的标志时，"作为地点的现在"因为维度的增加而深化，于是就在过去和现在之间摇摆。或许是因为这一点，"存在"得到了进一步的"增强"，从而变得更加深刻。

在这段描述中，我们不断地与（被划归过去的）过去视角产生连接，这在当下创造出一个额外的"地点"，这个地点必然位于我们当前所在的"后面"，从而极大地"深化"了我们的生活。持续的回忆所创造的"地点"也可以被看作一个"内在空间"，即一个独立于外界现实的空间。这也就是所谓的增加了"维度"。

结合过去和现在而又不使两者混同的状态，还可以用"褶子"这一比喻来形容。德勒兹（Deleuze）在他关于福柯（Foucault）的书中介绍了这个意象，后来又在介绍莱布尼茨（Leibniz）和巴洛克风格的书中展开了进一步论述。假设有一条时间线，在这个单一维度上排列着世界上的各种事件。如果我们折叠这条时间线，将属于"过去"的点带到"现在"（也就是当下的体验），就形成了褶子。德勒兹说，这个过程使得外界变成了内在，并创造了内在"空间"。"我们跟随这些褶子，从一个折痕到另一个折痕，不断加强这些重叠之处,并在自己四周布满褶子,这些褶子又形成了'绝对记忆'。这样做的目的是将外界变成一个反复出现的重要元素。"(《褶子》)

德勒兹提到,对于创造了褶子的重叠而言,"折痕"起到了重要的保护作用。折痕的存在使得织物(此处指像织物一样的交织的时空结构)不能顺畅流动。在这个例子中,折痕的出现是因为记忆中的过去和当下的体验之间存在一种失调,或者说冲突。这种冲突如果停留在潜意识层面,时常隐没在一个更加平整的整体之中,也就是一个未加思索的、过去与现在的混合物;并且,我们无论如何都不会将头脑中属于潜意识的那部分当作我们的"内在"生活来体验。换而言之,只有内在和外在的生活之间存在明显差异,才会有对内在生活或者内在"空间"的体验,但潜意识无法做到内外有别。有了意识的参与,我们才能区分当下感知到的事物和仅仅存在于记忆中(或想象中)的事物。提示两者差异的,是我们体验到的各种冲突。外在世界中的明显矛盾能被重整为内心冲突——过去与现在、记忆与感知之间的冲突。这些冲突不会得到解决(也不再具有矛盾的地位),而是留存在我们的内在生活中,使我们生活的这一维度变得更加"宽广"。

既意识到过去又保留当下的视角,还有另外两个值得一提的好处。首先，时刻意识到过去视角的存在，能让我们清晰地意识到我们的观念是会改变的。我们当然可以通过某种抽象方式知道我们已经改变，或者偶尔注意到某一个特定的变化。与之相比，过去与现在的反差成为生活中长久存在的一部分，则是另一种不同的体验。当我们不断对比现在视角和另一个来自过去的视角，就更容易注意到现在的视角的缺陷，更容易记住现在的视角是不稳定的。（如果我们对比自己当前的视角和前人的视角，也会是同样的情况；但这种对比的影响力不如我们的情节记忆。）其次，时刻意识到过去视角的存在，能增强我们对于过去视角所导致的选择和行动的责任感。在大多数情况下，我们过去的选择和行动都不是孤立的事件，而是我们当时观念的体现。在回想起相应的往事时，我们会记起自己深度参与了过去的决定和行动，这鼓励我们为这些决定和行动承担更大的责任；我们越是能长久地记得某个过去的视角，我们对于相应的决定和行动的责任感就越不容易消失。[23]

3个模型的应用

第一章给出了维持双重意识的3个模型：杂耍模型、静力锻炼模型和扰乱者模型。如果把这3个模型应用在与时间相关的双重视角现象上,会得到怎样的结果呢?

我们提到过一些同时存在于当下的观念,例如作为墨西哥人的观念和作为美国人的观念,女人的观念和男人的观念,有神论者的观念和科学家的观念,等等。在某些方面,我们可以像处理这些观念那样,拿过去和现在的(或现在和未来的)不同观念做抛接杂耍。原因在于,正如前文所述,情节记忆可以重新激活过去的视角(想象中的预测也可以提前激活未来的视角),这就导致了在当下体验中的冲突。我们可能并不觉得需要在两个对抗的视角之间寻求解决,而是同时对两者展开思考——同时明晰两者分别带来的洞见。当我们拿对立的视角做抛接杂耍时,我们是在努力让两者"浮现",让它们能相互促进。例如,在听某一首歌曲时,我们想起它曾经如何拨动我们的心弦,注意到自己过去和现在的感受之间的差异,并在铭记这两种感受的同时继续倾听。

不过,在运用杂耍模型时,处理来自现在的冲突视角与处理来自过去的冲突视角之间有一个微妙的差异。在重现过去对于某一对象或情境的视角时,尽管我们知道自己在同时以过去和现在两个视角来看待同一对象或情境,但我们对于该对象或情境的体验未必是一样的。例如,对于某一首歌曲,我们清晰地回忆起自己曾经多么享受(或厌倦),而这种回忆却未必会干扰到我们现在的厌倦（或享受）。我认为其原因在于，虽然这两种不同的反应同时出现在我们当下的体验中，但我们不必将两者都体验一遍，也能意识到它们都是由同一个音乐作品引发的。与此相似，看到小孩子的某些行为，我们过去会感到不耐烦（或者高兴），现在却是感到高兴（或者不耐烦），此时我们对于过去的情节记忆就会和我们现在的感受相冲突，但这些记忆不会干扰我们现在的感受；这也是因为在看到孩子的这个行为时，我们不用把（现在回想起来的）过去的反应和现在的反应都体验一遍，也知道是同样的行为引发了这两种不同的反应。在很多情况下，我们甚至不能将这两种反应看作对同一事物的反应。我们可能会想起过去的自己对黑色安息日乐队（Black Sabbath）❶的歌曲有何感受，但对于同一首歌，这段过去的经历和现在的经历完全是智识上的；我们虽然知道过去和现在的反应是两种对抗的反应，但无法从体验上认识到这一点（在当下，我们无法影响这种格式塔转换❷）。这并不妨碍我们往返于记忆和当下感受之间（我们会想，"以前我们是那样看待小孩子的，但现在我们是这样看待他们的"），也不妨碍我们注意到两者引发的不同视角之间存在冲突，但这可能意味着我们知道它

---

❶ 英国重金属乐队。——译者注
❷ 通俗地说就是视角的转换。——译者注

们是看待同一事物的两个视角,虽然我们体验不到这一点。

将现在和未来的不同视角进行娱乐对比,也要求我们唤起另一个时间的视角(并不断地将其与现在的视角做对比),但不需要转换与眼前的情境相关的格式塔。假设一个人现在决定不生养孩子,而在他的想象中,未来的自己会认为这是自私而短视的决定,甚至是一个悲剧。如果他以现在的视角来看,认为这个决定是切合实际的、负责任的,甚至觉得勇气可嘉,那么他的未来视角就和现在视角产生了冲突。另一个常见的冲突是,一个人可能原先很想要孩子,但后来又不想要了(多纳特,Donat)。这两种想法都有其道理可言,而且鉴于两者之间没有中间地带,一个人也自然不可能两者兼顾。就做出选择一事而言,人最终都会做出某个决定,但一个人完全有可能将两个视角继续保存在头脑之中(并且我认为这通常也是有好处的)[24],承认视角之间的冲突,承认有必要协调现在视角和未来视角。尽管如此,有一种可能是,即便一个人想象未来的自己会认为不生育是错误的决定,这也不会影响他当下对于育儿生活的看法和感受。

关于结合过去和现在(或现在和未来)的视角,静力锻炼模型也提供了一种方法。和上一个模型的方法相比,这种方法会加剧两个视角的对立。静力锻炼能发挥效果,靠的是加剧对立,也就是通过向相反方向推拉来强化相应的肌肉，从而增强一个人的整体稳定性。在处理过去视角和现在视角的冲突时，静力锻炼模型推崇有意地加剧对立。我们回过头来看看哈德利的经历。她重读儿时读过的故事，自己过去容易相信人的热点被再次激活了。儿时的她很容易相信魔法，现在的她却带有一种批判性的谨慎，这种对比让两种视角都更加突出。她说，在这种被唤醒的轻信面前，作为成年人的谨慎显得十分"渺小"。尽管如此，这两个观念显然是互相强化的。有了成年人的怀疑作为反衬，儿时读过的故事显得更有魅力；有了儿时的天真作为反衬，成年人的怀疑变得更加尖锐。如果儿时读过的故事被认为是现实主义的（也就不需质疑），这个故事对成年人就不会有这么大的吸引力；如果当年不那么相信这个故事（即不会对此着迷），作为成年人的怀疑也就不会那么尖锐。这种轻信和怀疑、顺从和批评之间的对比，除了存在于（重）读童话故事的体验之中，也常见于很多其他的情境。对于即将到来的旅行、正在进行的项目、新结交的朋友、大额支出等几乎所有的事，很多人都能回想起一种矛盾心理：来自过去的轻信和热情，以及现在成熟之后的小心谨慎。只要我们对两种视角给予同样的尊重（即不认为哪一方比另一方更为"正当"），并将两者都铭记于心，我们就会经历内心持续的重大冲突。以静力锻炼模型来维持这种内心

自相矛盾也无可厚非

冲突（或者说这种形式的双重意识），会让我们更积极地同时"投入"它们——发展它们，利用它们各自的优势，深化它们对我们的影响——并希望通过增强它们的冲突来使它们互相强化。

静力锻炼模型除了通过加剧对立来强化对立的力量，还能提高一个人整体上的平衡和稳定——此处特指心理上的平衡和稳定。无论我们承认与否，我们过去的那一面，包括我们过去对周围世界的感知和理解方式，都在影响着我们的当下。或许我们现在已经很难察觉儿时的自己在感知和概念上的倾向，但这些倾向通常还是作为潜质保留了下来。如果时机恰当，它们就能够且会被重新激活。将它们从暗处带到明处，允许它们在当下的生活中扮演更重要的角色，能增强我们的心理平衡感和稳定性。原因有二：一方面，我们如果正面认识它们的存在，就不会惊讶于它们对我们施加的影响；另一方面，它们能与我们内部互相对抗的不同部分互相牵制。[25]前面引用过普鲁斯特的一段文字，里面写到，当马塞尔清晰地回忆起往事时，来自过往的幸福感和冷静冲淡了他当下的沮丧和焦虑。他的回忆之所以能稳定他当下的情绪，靠的是引发了一种相反的感受。虽然他不能以过去那种带来幸福感的视角来看待现状，但既然过去视角在当下能够重现，它也就很有可能在未来被激活。

维持双重意识的第三个模型是扰乱者模型，即有意地发展被压制的（或与主流对立的）感知和图式来干扰居于主导地位的感知和图式。假定一个人现在的图式居于主导地位，那么他可以通过回顾过去来寻找能起到扰乱作用的其他视角，并通过重新体验来巩固对这些视角所秉持的信念。我们可以从这个角度来解读巴尔斯特罗德的心路历程。他早年的生活被正义的观念所主导，这种观念在现在的他看来未免太过天真和拘束，于是，他将其抛诸脑后，代之以一种更世俗、更包容的观念（他还别出心裁地为这个新的观念进行了细致的辩护），直到一切变得过于安逸、过于空虚；这时，也只有在这时，他回想起过去的视角，而这个过去的视角最能批评他现在的视角。[26]我们也可以从同样的角度来解读对于未来的想象。如果你现在的心态无忧无虑，那就试着想象一个没有任何保障的未来；如果你现在过得小心翼翼，那就试着想象一个英年早逝的未来。如果你现在容易信任他人，那就试着想象一个遭人背叛的未来；如果你现在对外界时时提防，那就试着想象一个没有任何亲密关系的未来。无论是从过去还是从未来寻找合适的扰乱者视角，这么做都是为了抵消顺从主导视角（无论具体是什么视角）导致的自满和停滞。

不同的模型适用于不同的情境或不同的人。如果主导的观念太乏味或太让人窒息,对一部分人来说,此时就需要当一个有创造性的搅局者(即选择扰乱者模型),而另一些人可能更擅长(或者更乐于)通过回顾过去或展望未来,来找到巧妙的替代方案。再者,如果沉湎于往事(无论这带来的是快乐还是悲伤),对一些人来说,进行心理上的静力锻炼可能特别有效,而另一些人则更擅长强化他们的回忆或投入冲突之中。在大多数与时间有关的双重意识现象中,杂耍模型对大多数人而言是最容易运用的。但是,要成功运用这个模型,需要有敏捷的思维,并持续保持警惕,而这些并不适用于所有人或所有情境。

结语:对于时间的感知

已有不少著作论述了对时间的主观感受——例如在某些时候感到时间似乎过得更快、更慢,或是陷入停滞。这方面的研究大多关注不同的活动、不同类型的注意力分配与不同的时间流逝感之间的关联。[27]我猜测,在不同的回想方式和时间流逝感之间也存在着某些有趣的关联。我猜测,和语义性的回想相比,情节性的回想(即以第一人称视角再次体验过去的某个事件)作为一种自我叙事(self-narrative),会削弱时间流逝的线性感和平顺感。另外,情节性的回想激活了更多的感官，呈现了更多的细节，也就更让人有身临其境之感。基于这一点，我猜想情节性的回想可能会与时间放缓的感受相关联。

在本章的一些例子中，情节性的回想几乎是持续进行的。我们对时间的感知也因此会受到几方面的影响。一方面，如果我们在体验当下的同时不断回想起某个过去视角（或者一直想象着某个未来视角），我们有可能感觉不到时间的流逝，因为所有的事件在任意时间看起来都是同样真实的，这就造成了时间停滞的感觉。另一方面，如果我们一直注意过去和现在之间的重大冲突，我们对于不同时期之间的反差会变得更加敏感，这就让我们感到时间流逝得更快了。通过不同的方式对自己的过去维持双重意识，也有可能给我们的时间流逝感造成不同的影响。如果我们遵循静力锻炼的思路来增强体验的稳定性，我们也就有可能感到时间变成了某种更加持久的东西；与之相比，如果我们采用扰乱的方法，不断移走当前居于主导地位的视角，可能会感到时间变得脆弱而短暂。

当然，以上的想法都还只是猜测，相应的验证方法也还有待探究。不过，这些猜想表明，我们体验过去的方式会影响到我们体验时间本身的方式。

第三章
他者入我心

自相矛盾也无可厚非

　　她心里仍然记着他的欲望。她望向那些迷人的女子,而同样的身影也曾映入他眼……她欣赏着她们的美目红唇,琢磨着她们的身体。她已经变成了他。她想要这些女人。但她又还是她自己,所以她瞧不起她们。她渴望她们,同时也想把她们痛打一顿。

——洛丽·摩尔(Lorrie Moore)

　　这段文字摘自洛丽·摩尔的短篇小说《社区生活》(Community Life),讲述了我们如何允许或拒绝他人进入我们的生活。如果我们很在乎某些人,我们常常会在保留自己的观点的同时也代入他们的视角,这就产生了一种特别的双重意识。在第一章、第二章所述的双重意识现象中,冲突存在于同一个人的不同方面或者不同阶段之间。本章的冲突有所不同,它存在于一个人自己和一个被内化的他者之间。尽管被内化的他者所引起的冲突可能带来不少麻烦，但我还是希望说明，在很多情况下，我们应该维持这种双重意识，而不应该抵抗或者解决它。

被内化的他者

当我们内化他人时，即便他们不在场，我们仍然会意识到他们的观点（或者说是我们认为他们持有的观点）。他们的观点变成了一个透镜。我们在继续以自己的方式感知事物的同时，也在透过这个透镜来看待周围的世界。前面引用的那段文字中，小说中的人物奥莱娜（Olena）以男友尼克（Nick）充满爱欲的眼光来看待那些女人。同时，她又保留了自己的情感，因为将她们视作威胁而心生厌恶。这里显然有两个视角之间的冲突：受到吸引和感到厌恶将她扯向相反的方向。但是，她仍然同时以两个视角来观察那些女人。小说没有告诉我们这个内心冲突持续了多久，也没有说奥莱娜是否内化了尼克的其他观念。因此，她的心理状态不一定符合我们前面对双重意识的定义，即人必须持续经历重大的内心冲突。不过，要找到符合条件的例子并不困难。

很多人内化了来自家长、老师或某个宗教的观点，而且内化得十分深刻,所以即便已经很久没有再听到那些观点,也还能意识到相应的处世方式。例如,我们新近认识了一个人,会立即察觉出此人正是我们的母亲会形容为"热情"(或"冷淡")的那种人;我们遇到一个新的情境,会立刻想到母亲会将这个情境形容为"舒适的"(或"难受的")。我们不仅想起了那个词,还会接着想到与母亲对这个词的使用相关的联想和价值判断,这构成了一整个图式。当我们思考自己期待(或不希望)自己的孩子成为怎样的人时,内化了的某个宗教图式会指向"有价值""正直"或"受祝福"(或者"没有价值""狡猾"或"可恨的")的人。而在听一位经济学家或政治家讲话时,我们可能想到自己喜欢的一位教授会把他们视为"圆形监狱"❶(panopticon)的支持者或"监控资本主义❷(surveillance capitalism)的提供者",并通过那位教

---

❶ 圆形监狱是指监牢呈圆周布局、监视塔设在圆心处的监狱建筑格局。这样的设计意味着只需少量的看守就可以监视很多犯人,并且由于监视塔使用单向透视玻璃,犯人看不到看守,但看守可以看到犯人。这个设计自18世纪诞生以来就引起了争议。支持者认为,人在知道自己处于监视下时会表现得更好,因此圆形监狱有利于犯人的改造;此外,这样的建筑布局还可以节省人力。反对者则认为,这种环境对于犯人来说过于压抑,有损他们的身心健康;再者,有时监狱的管理者相信犯人处于监视下会收敛自己的行为,故而不会给看守配备足够的防护装备和武器,这增加了看守所面临的风险。不过,现在有很多人认为圆形监狱是过时的设计,一些圆形监狱也已经关停。——译者注
❷ 监控资本主义是指以个人数据商品化来获取高额利润,典型的做法包括收集消费者的个人数据并针对性地营销产品等。——译者注

授的图式来倾听相应的观点。这些不是个例,因为我们经常遇到新的人或情境,想到对于孩子的期待,面对试图控制他人的人。这些例子一旦累加起来,其影响也不可小视。不过,这些事情能引发双重意识所必须的内心冲突吗?

在一些情况下,一个人从未能将自己的观点与他人的观点区别开来,因而不存在内心冲突。例如,孩子可能无法区别自己的观点和母亲的观点。[1]或者,如果一个人总是遵从他人的观点,那么他的内心也就不存在冲突。例如,一个敬重老师的学生可能总是顺从老师的观点。如果一个人从来没有独立于他人的观点,或者失去了自己在见解上的独立性,被内化了的他者已经成了这个人的自我,那么也就不存在冲突。我们想象着母亲把一个家描述为"舒适的",但那可能实际上就是我们自己的声音。我们想起教授说某项公共政策制造了"一个圆形监狱"或"监控资本主义",但这其实是我们自己现在的看法。

还有一些情况是,我们记忆中或者想象中的他者的视角实际上从未被内化,因此也不存在内心冲突。例如,我可能时常想起一个古怪的邻居的观念,但从不将其"放在心上";我可能继续想象一个口无遮拦的政治家的观点,但不被这些观点所左右。[2]在这样的情况下,缺乏内心冲突指的不是无法"从内部"或细致地去想象他人的观点,而是相关的想象并未成为下意识的行为或第二本能。我可能经常想起那个古怪的邻居，并想象他对近期某事的看法，但我无论是否主动地想起母亲，母亲的反应也会自动浮现在我的脑中。即便我没有刻意回想，她用来整理体验的宗教图式也经常被激活，并与我自己的非宗教图式共存。如果是一位对我影响极大的老师，即便我和他对于同一条新闻有着不同的看法，他的批判性看法也几乎总是自动浮现，与我自己的看法共存。

在第一章所述的双重意识中，冲突的图式表现了一个人的多个不同方面，而在本章要探讨的双重意识中，冲突发生在一个人自己的图式与被内化的他者的图式之间。两者之间有一个微妙的重要区别。在本章的双重意识中，一个人虽然通过两个图式的透镜来看待世界，却只将其中一种视为己有。也就是说，我们虽然用他人的眼睛来看世界，却拒绝拥有相应的观点。将一种观点视为己有意味着什么？意味着明确地支持这个观点，愿意根据这个观点行动，并为其影响承担责任。（更准确地说，这要求我们必须准备好支持这个观点，根据这个观点行动，并承担相应的责任。一个人并不总是能有机会在这方面公开表态。）我们可能会直接否认某个被内化的他者的观点（"我认为她的观点是错的"），或干脆与这个观点划清界线（"这不是我的观点"）；在这两种情况下，我们都没有把他者的观点当成自己的观点。[3]

不过，如果只是不将一个他人的观点当成自己的观点，还不足以避免内心冲突的状态。我们在第二章提到过，对于某个过去的观念，虽然一个人已经不再支持或者依据这个观念行动，相关的第一人称记忆仍可能会让它再次回到眼前，使人体验到冲突。假设我现在认为自己过去的观念是太容易产生盲目的信任，但如果我清晰地回忆起这个观念，我就会感到自己现在的观念过于小心翼翼和因循守旧。即便我继续支持现在的观念，并按照现在的观念来行动，两种视角的反差仍会给我带来冲突感。相似地，如果被内化的他者的视角与我视为己有的视角共存，而两种不同的图式又意味着整理外界信息的两种不同方式，我就会体验到这两种方式之间的冲突。尽管我们与某些观点"划清界限"，但这些观点还是可能会"打动"我们，进而导致内心冲突。

我们可以通过讨论对抗的倾向来梳理这个常见的现象。人们常常说，一个人可能倾向于表达或者公开支持某一观点，同时又依据不同的另一观点行事。例如，我们说自己深表同情，但我们的行动没有表现出同情；我们明确地说支持某一套规则，但又以行动去破坏这些规则。[4]人们不常提及的是，我们倾向于支持某些观点或以这些观点作为行动依据，但主导我们的思考、情感和想象的是另一些观点。我们可能发现自己经常想到母亲或老师会如何看待我们所处的情境，却从不认同他们的观点；我们可能体会到他们在我们的处境下可能会有的一些感受，却从不基于这些感受来行动；我们还可能想象他们在我们的处境下的结果，却不会让这些想象干预我们自己的规划。在这些情况下，我们完全清楚自己的观点和被内化的他者的观点之间有冲突，因此不存在自我欺骗。我们也不会将他者的观点作为言行的依据。然而，思考、情感和想象会分别激活各自的倾向——遵循某一思路来思考、以某种方式做出反应、以某种方式看待事物的倾向。因此，如果他人的思想、情感和想象不断出现，且与我们自己的信念、价值观和感知在内容上相冲突，那么，一旦我们必须努力克制某种思维习惯、贬低某些下意识出现的情感、排除误导性的想象，就会导致内心冲突。思考某个观点的同时相信另一个观点，感受某一事物的同时珍惜另一事物，或者想象一个东西的同时感知到另一个东西，这些都不会构成逻辑冲突；但至少在这些反差摆在眼前时，我们会在心理上有冲突感。

当然，心理冲突的程度取决于被内化的观念与自己的观念有多大差异，影响范围有多大。内化自己坚决不认同的宗教观点会导致心理冲突；内化某个老师的观点，但老师的观点比自己的偏左，也会导致心理冲突。两相比较，前一种冲突要更激烈。在社会关系上相关的差异，会比仅在育儿上的差异带来更多的冲突。此外，内化程度更高的观点，会诱发更深层的情感和更大范围的想象，因而会加剧相应的内心冲突。

与他人共情

与他人共情和内化他人的观点有何不同？在两种情况下，我们都会想象他人会如何看待事物，并知道我们自己的看法与他人可能很不一样。但是，被内化了的他者的视角会一直伴随我们，并在我们遇到任意日常生活的情境时自动触发。例如，我在写信、制订旅行计划或与一个孩子互动时，经常在不经意间想起母亲的宗教观念。相比之下，与他人共情需要刻意地想到他人，通常也更费力。[5] 我得努力去想象收信人会如何看待我信中的消息，旅伴面对某个景观会作何反应，或者我的话在孩子听来是什么效果。如果我们发现另一个人（例如一位密友）的观念开始不由自主、毫不费力地浮现在自己的脑海中，那么，对此人的习惯性共情可能会发展为内化；相反，对于已经被我们内化的人（例如我们的母亲），我们有时得特意想象他们的视角。所以，有很多例子是介于共情与内化之间的；不过，两者的基本区别还是在于是不自觉地还是刻意地想象他人的视角，而且这个区别一直有效。

共情如果具有足够丰富的细节和情感,可能会导致内心冲突的状态。例如,一个乐观的人如果和一个悲观的朋友共情,他会感到内心在乐观和悲观之间挣扎;一个自信的人如果与胆小的同伴共情,他的自信会与同伴的恐惧发生冲突。有些人比别人更擅长在与他人共情和考虑自身视角这两种状态之间构筑壁垒,不过,面对一个与自身视角冲突的观点,完全的共情似乎必然会让人感到自己的观点受到了他人观点的挑战。尽管如此,我们在共情方面的努力都有范围限制和时间限制(我们倾向于对他人的体验"浅尝辄止",然后很快回到自己的观念和关注点上)。这时,共情通常不会引发深层或持续的内心冲突,因而也不会导致双重意识(如第一章所述,导致双重意识的冲突必须是持续的重大冲突)。

不过,至少在两种情况下,共情会引起持续的重大冲突。第一种情况是,一个人花了大量时间与某人或某个群体共情,但他要费力地去了解对方,而不是像内化那样自然地想象。父母、配偶、心理医生或人类学家所面临的处境正是如此。自闭症儿童的父母可能会尽力去从孩子的视角来看待世界,他们需要长时间进行广泛的想象,而这种想象并非自动发生的。相似地,心理医生可能努力与陷入抑郁的咨询者共情,而人类学家可能花费大量时间来想象另一个文化的人的视角。

与动物一同生活或研究动物的人也可能花费大量时间来想象动物的视角。在这些例子中，当一个人想象以另一种极为不同方式来体验世界时，这种努力会占据他的一大块心理"空间"。这样一来，尽管他需要费力地想象他者的体验，但这种想象也成了他生活中常规的一部分。在这种情况下，如果出现了相应的内心冲突，冲突就会长期存在，而这的确有可能导致双重意识。

长期共情的第二种情况是，为了在社交情境中更加游刃有余，人们不断想象身边的人的视角。这可能并非成功社交的最佳策略，因为一个人的想象经常出错，而且通常还有更加直接的策略用来获得更大的利益。但这种想象相当常见，一些人甚至几乎每时每刻都这么做。例如，很多青少年极度在意同伴的观点，时刻都在想象同胞们会如何看待一个笑话、一个不合群的人、一个朋友等。一些成年人也有着同样的执念，无论是否有充分的理由，他们都特别担心他人的观点和自己的观点会发生分歧。这里的情况和杜波依斯描述的不同。杜波依斯说的是社会主流观点被内化后形成双重意识中的一方（不过，生长在某些社会环境中的青少年身上当然也有可能出现这种现象），而我在这里说的是对他人观点的想象成了刻意为之的长期行为。这种想象可能会引发思考和情感上的持续冲突——既认为某一行为是合适的，又认为它是不妥的；既认为某些人值得敬佩，又认为他们不值得敬佩；既感到骄傲和高兴，又感到厌恶；等等。这时，形成双重意识的条件就满足了。

爱的行为和状态

当我们爱一个人时，我们经常花大量的时间来想象他们的观点，而这又让我们得以用另一个视角来看待周围的世界。如果我们内化了那个人的观点，这种想象可能就是不自觉的，而如果我们有意地与其共情，这种想象可能就是有意的。无论是哪种情况，如果施爱者和被爱者的视角之间长期存在重大差异，就会产生另一种常见的双重意识。

身在爱中还有其他方面的影响。在许多关于情欲之爱的记述中，施爱者渴望与被爱者融合。支持这种观点的人将这种对融合的渴望看作回归某种婴幼儿状态，因为婴幼儿还未形成内与外、你与我之间的界限。柏拉图（Plato）在《对话录·会饮篇》（Symposium）中写到了阿里斯托芬（Aristophanes）的演讲，其中就提到，爱是与丢失的另一半自己重逢，回归自己未被分割的原初状态。[6]弗洛伊德（Freud）在《文明及其不满》中将爱的吸引力理解为一种诱惑：人希望退回早期与他人的那种冲突更少的关系，所以会渴望爱。[7]

萨特认为，情欲之爱是一种通过占有和涵摄他人来抹去自我与他人的界限的欲望。[8]对于施爱者的融合欲望，伊迪斯·斯佩科特·珀森（Edith Spector Person）如此描述：

> 施爱者希望消解自我与被爱者之间的障壁。这个障壁是自我的界限，所以他追求的是一种自我超越。因此，宗教的语言，尤其是对于宗教的神秘体验的表达，与爱的语言有不少重合之处。为了净化和转变自我而在一定程度上让出自我，对于融合而言是必要的，对于激情之爱所固有的顿悟❶现象而言也是必要的。

有不少原因让人认为这种融合不可能发生——或者说，即便可能，也只能持续极短的时间，涉及的自我的部分也非常有限。例如，性欲的融合在持续时间和范围上都非常有限。（再者，鉴于成功的融合需要消除异己性，与他者融合的欲望本身就极其不稳定。换而言之，与他人融合的欲望得到满足后，情欲之爱也会因为不再有独立的作用对象而消失。）于是，我们或许可以将身在"爱中"理解成为了克服双重意识的一种尝试。当一个人这样做时，他同时会强烈地、持续

---

❶ 原文"epiphany"在基督教中也指耶稣向世人显现神性。在主显节（Epiphany），东正教信徒会到河中浸洗，此举有净化的意味。——译者注

地意识到另一个人的异己性。结果，他的尝试在大体上注定是失败的；他要么想将他人吸收到自己内部，要么想让别人吸收自己。在本章开头引用的小说中，奥莱娜显然就处于这种不幸的状态：她将男友的欲望变成了自己的欲望（"她已经变成了他"），却发现这些欲望和她自己原本的欲望发生了矛盾，并因此而退缩。但是，放弃融合意味着不再身在爱中——即使这也有可能让对方能够更好地去爱。

我们乐于认为自己能内化他人或与他人共情而不引发内心冲突。但是，已有的"药方"常常比"病症"本身更糟糕。我们在第一章探讨过解决、分离、消解这3种克服视角冲突的独特方法。那么，面对内化或持续共情所引发的双重意识，这3种方法的表现又如何呢？

可能的解决方式

如第一章所述，解决冲突的方式包括让步、妥协（compromises）和涵摄❶。在内化了他者的情况下，我们既会不自觉地揣测他人的观念，同时仍然不会将他人的观念当成自己的观念。同时，他者本人一般不可能向我们的观念让步（他们

---

❶ 据本书第一章：解决的3种方式是让步、涵摄和替代。——译者注

通常不在我们身边，甚至可能不知道我们的观点）。当然，我们可以想象被内化的他者做出让步——例如，我可以想象母亲承认神实际上并不存在。不过，这种想象不太可能改变我们已经内化、不自觉想起的那个他者的观点。再者，大多数情况下，即使回想起自己重视的人的观点会让我们感到不适，我们仍然希望在头脑中保留他们的观点。[9]如果我们为了保持内在和谐而向被内化的他者让步，并因此失去了独立性，这种让步还会带来更大的麻烦。妥协（如果能做到的话）则会在两方面导致这样的损失——我们不仅不再独立于他者，而且将不能毫不费力地回想起他者原本的样子。

另一方面，涵摄如果倾向于让涵摄与被涵摄的观点都被削弱，这就不是一个很好的选择。我可以试着将信教的图式当作一种聊以自慰的虚构之物，从而以我的无神论来涵摄对于宗教的信仰；但这会同时削弱宗教观的力量和无神论的力量。我也可以将无神论当作上帝对我的安排，从而以内化了的宗教观来涵摄我的无神论观念；但这还是会削弱两者的力量，因为我一方面将无神论视作对个人的挑战，而不是一个形而上的真理，另一方面又认为上帝有意欺骗众人。比起这些，我宁愿继续保留两种观点各自的丰富内涵，允许两者自发地出现，感受其中的冲突，同时知道其中一种是被内化了的母亲的观点，而另一种是我自己的观点。维持这种双重意识并不会让两种视角以同等的力量控制我（我知道母亲的观点不是我的，我在行动时依据的是我自己的观点，不是她的），也不妨碍我认为她的宗教信念是错误的；不过，有了这种双重意识，我既能继续从内部视角来体验母亲的观念，又能坚持与之差异甚大的、我自己的观念。

和被内化的他者不同，我们共情的人经常就在眼前，而且能在解决冲突时参与其中；通过透彻的交谈，我们和他们有可能达成一个双方都认可的观念。再者，我们不会不自觉地去想象他们的观点，因此，一旦我们找到解决方案，要改变我们的想象就会更容易。然而，我们仍然要担心自己会失去独立性，或失去每个视角的一些独特见解。在现实生活中，许多让步或妥协的尝试包含某种程度或形式的胁迫，哪怕双方未必能认清这一点。涵摄无论是发生在实际对话中，还是仅存在于想象中，也经常以至少一方的观点失去力量而告终。（前面解释过的宗教观和无神论的例子，不仅适用于内化他人的情况，也适用于和他人共情的情况。）这并不意味着我们不应该采取对话的方式，但这的确说明，与他人对话的目的应当是加深对彼此的理解，而不是为了解决双方的分歧。

爱的情形会不一样吗？在爱与被爱的情况下，如果要通过某种解决的方式来获得和谐，是否应该为此而牺牲双方的自主性（autonomy）？至少有一种传统将婚姻视为通过让步、妥协或涵摄（通常是男人涵摄女人）达成的一种"合二为一"的安排。人们当然有可能渴望这种联合。不是所有人都将自主性放在首位，也不是所有人都担心使这种联合成为可能的权力失衡。的确，前文已经表明，人们有理由认为情欲之爱（或者身在爱中的状态）是对这种联合的渴望（无论这种渴望有多么不理性或不自知）。不过，如果将对于权力失衡和丧失自主的担忧暂且放在一边，我们还是很有必要区分和谐的关系与和谐的世界观。一个人即使不希望或无法使自己与他人的世界观和谐共存，也完全有可能渴望并实现和谐的人际关系；通过给他人让出足够的（心理或物理的）自我"空间"，人们可以很好地协调他们的生活。但是，如果对方是自己爱的人，如果爱一个人包括长期对对方的观点进行丰富的想象，那么，一旦彼此的视角之间出现激烈的碰撞，就会产生某种双重意识。

可能的分离方式

很多人坚称，与他人共情时，我们可以经常想象他人的视角，却不会体验到双重意识所特有的内心冲突。持这种观点的人认为，当我们想象另一个人的感知、信念、欲望和情感时，我们可以将这种想象与我们自己的感知、信念、欲望和情感有效地分离开来。要评估以上的观点，我们需要更仔细地从本质上审视上面提到的分离。

前面讲过，共情需要我们以第一人称视角想象另一个人的体验；我们是在想象中以对方的方式来体验事物。因此，如果我们的同伴害怕邻居家的狗，即便我们自己没有这种恐惧，我们也会通过在内心模拟同伴的体验来与他共情。要模拟同伴的经验，有两种完全不同的方式：

1. 我们可以专注于眼前的情境，努力将这条狗看作吓人的危险事物——例如注意到它强壮的下颌和它眼中对陌生人的警惕，或者感知它的重量和速度。

2. 我们可以想象另一个不同的情境，让这条正朝自己走来的狗在想象中变得危险——例如想象它嘴角吐出白沫，或想象它不是邻居驯养的狗，而是野狗。

这两种方法都能从第一人称视角模拟我们同伴的体验——这种体验包括一条正走过来的狗所引发的感知、思考和情感。根据情境的不同（关于这条狗，我们能看清多少细节？它的行为是否明显有某种意图？）以及个人的差异（我们有什么关于狗的其他体验？我们的相关记忆是否清晰？），一种方法可能比另一种更能成功地实现共情。但两种方法所带来的冲突有本质的不同。在第一种情况下，冲突在于将正在接近的狗看作友好的还是危险的；我们是在以两种不同的图式来看待眼前的情境，而这并不容易做到。当然，我们可能会继续相信它并无恶意，但此时此刻，我们看到和感受到的是一只危险的动物，而这与看到和感受到它是友好的动物相矛盾。在第二种情况下，冲突在于感知到的情境和想象中的情境在外观和感觉上是不同的；我们可能很难同时关注和应对眼前的情境和想象中的情境，但这里的冲突在于心理资源的分配，而不在于对于当前情境的体验。即使在想象的情境中的狗看起来有一种危险的感觉，我们还是会觉得眼前的狗是友好的。鉴于双重意识需要将两个不同的图式应用于同一个情境，以第二种方式实现的共情就不符合双重意识的形成条件。只要我们与他人共情的方式是想象从他人的角度来面对某一情境的体验，我们就不会有双重意识。

但是，实际情况往往更为复杂，因为第二种想象经常导致第一种想象。如果我们通过想象一个不同的情境来与同伴共情，那么我们体验眼前情境的方式也会受到影响。例如，当我们与怕狗的同伴共情时，我们可能会想象自己被狗攻击的情境，而这又会让我们更加注意眼前这条狗的牙齿和体格，使得它看起来比之前多了一分危险。在这一点上，想象与记忆有相似的地方：就像清晰地回忆往事时一样，生动地想象出不在眼前的情境通常会影响我们对当前情境的感知，让当前情境看起来比实际更接近想象的情境。（关于"预先准备"的影响，这只是其中一个例子。）再次强调，我们可能仍会相信面前这条狗完全没有恶意，但现在它看起来变得不太可靠，而且带着些许野性；我们的信念和感知上的印象之间形成了反差，导致了内心冲突（例如，我们既想欢迎这条狗，又想远离这条狗，这两种想法之间就存在冲突）。

现在我们来看另一个共情的例子。这个例子的影响更大，涉及范围更广。假设在社会生活中，遇到一些场景时，你的观点和你兄弟的观点经常发生冲突。面对同一群青少年，你觉得他们快乐而充满激情，他却认为他们紧张兮兮、不懂得体谅别人；同样是这些人发出的声音，你觉得是饱含热情的，他却觉得是尖锐刺耳的；同样是轻轻推一下他人，你觉得这是友好的表现，他却觉得是粗鲁的行为。从广义上来说，这仍然是一种感知上的冲突，因为你们双方的不同判断并非来自有意识的推断；面对同一群人，你觉得他们的快乐显而易见，而他觉得他们的紧张不言自明；听到他们的声音，你觉得饱含热情，而他觉得尖锐刺耳。这些不同的感知源于许多与心理、文化规范和群体动态相关的判断和价值观，而如果以第一人称视角想象你兄弟对于眼前情境的看法，你几乎肯定也会以第一人称视角想象相关的判断。你不一定要赞同这些判断，但你需要想象以他的方式来判断这个情境是什么样子。

和前面的例子一样，你有两种方式来进行所需的想象。你可以试着以他的方式来看待眼前的场景（试着看到这群人的互动中紧张和粗鲁的一面），也可以想象与眼前不同的情境（想象他们确实紧张而粗鲁），并假设他也以你的方式体验这些情境。只有第一种可能性对同一情境应用了两种图式，因而符合形成双重意识的条件。但同样，第二种想象通常会渗入第一种想象中；并且，当你既要保留自己的独立意见，又试着与你的兄弟共情时，只要你必须想象的不仅仅是即时的感知，还包括一系列长存的判断和价值观，这就会引发持续时间更长、更激烈的冲突。

并非所有的共情都有感知的成分。假设我的学生相信出人头地才是最重要的，我有可能只与他共情，而不去想象与我自己不同的、属于他的感知体验。但两种共情方式之间仍然存在差异：我可以想象世界在那位学生眼中的样子——以金钱衡量价值，害怕失败，觉得别人会对自己撒谎；我也可以想象另一个世界，在那里，金钱和价值确实是一回事，失败的人会遭到严厉的惩罚，充斥着尔虞我诈。和前面一样，只有第一种想象符合双重意识的标准，即相互冲突的图式被用在同一情境中。但即便我们一开始进行的是第二种想象（想象在另一个世界中的体验），我们也往往最终会来到第一种想象（想象以另一种方式体验这个世界）。

虽然我们从第二种想象开始，最后却往往在一定程度上以第一种方式进行想象（并经历随之而来的内心冲突）。但第一种想象常常是我们希望从共情中获得的。如果狗靠近我们而让我们感到害怕，我们希望与共情我们的人从我们害怕的角度去看待这一场景，而不是别的。他们可能会安慰说："我能想象你现在的体验，因为我能想象看到一只危险的狗走过来是什么感受。"但比起这种话，我们更想听到的是"我能想象这只狗的危险性"。我们不需要共情者将我们的体验和他们自己的体验看得同等重要。我们承认，他们可能依据的是我们没有注意到的信息，我们也意识到自己的观念或许被过去的不幸和错误的信念所歪曲。尽管如此，我们还是希望他们知道以我们的方式来体验这个情境会有怎样的感受。同样，如果一个社会群体在我们眼中显得紧张而粗鲁，即便与我们共情的人不这么看，我们仍然希望他能代入我们的视角，感受到面前的这群人对他而言同样是紧张而粗鲁的。而如果我们将成功等同于竞争优势，我们会希望共情者以同样的方式来看待这个世界，而不是别的。

这一切的意义在哪里？从假设上来看，两种方式都能让共情者通过想象来体验我们的感受。那么，为什么不根据共情者的情况和具体情境来选择相应的最佳方式？在与怕狗的同伴共情时，如果比起想象眼前摇着尾巴的狗很危险，你更容易想象另一只更危险的狗正在靠近，后者难道不是更好的共情方式？在想象学生的心理框架时，如果想象我自己生活在另一个样子的世界里更容易达到目的，这难道不是更好的共情方式？我认为，这些问题的答案是，我们不仅期待共情者以一定的准确度想象我们的主观状态，或许更重要的是，我们也期待他们意识到我们的观点和他们自己的观点同样有说服力。如果你能把这只狗看作危险的动物，你就能认可同伴的恐惧有感知作为依据，而非只凭臆想。哪怕这些是盲目的或有偏见的感知，我们也不能否认它们是将当下情境的信息进行图式化的一种可能。这一点赋予它们经验上的合理性，而想象出来的情境就不具备这种合理性。与我们共情的人能以我们的方式体验当下的情境，这一事实说明我们的体验以现实为基础（即使我们的判断后来被证明是错误的）。

思考下面这个类似的情境。两个人在观察一幅画，其中一个人认为画中是一只螳螂。即使他知道自己错了，他也希望另一个人以他的方式来看这幅画。他有两个选择：让另一个人把画中的东西看成某种昆虫,形成一种局限的、有缺陷的看法,或者让对方较为准确地想象出一只姿势相似的螳螂。在这两者之中,他会选择前者,而非后者。和赏画一样,在生活中,我们希望与我们共情的人见我们所见,并希望他们知道我们所见的可以是对当下情境的一种很有说服力的看法。不仅如此,我们还希望他们看到,虽然我们所见的和他们自己所见的会发生冲突,但他们完全可以从我们的角度来看待事物。

当然,有的时候,我们希望与我们共情的人想象与他们的经历相差极大的情境体验。例如,我们面对的景色、人群与挑战和他们面对的不一样,我们与他们的确生活在两个不同的世界里(更确切地说,是这个世界的两个不同的部分)。在这种情况下,想象另一个情境是完全合适的。不过,一般而言,如果共情者需要想象的情境与自己的情境相差极大,这种共情会混入基于双方情境的共同之处而产生的共情;实际上,前者的部分目的就在于此。因此,在一定程度上进行第一种想象其实也是合适的。同样,在一些情况下,有的人会逃入一个幻想世界——这个世界里有很多想象出来的人物、场景、挑战和危险。要与这样的人共情,就要想象出与现实不同的另一个世界,而不是基于现实世界去想象那些幻想的人物和场景。不过,我必须重申，这种共情的目的之一是让我们了解他人的幻想生活是如何介入他们对真实人物、场景和危险的看法的。

在与他人共情时，还有另一种方式，那就是一次只考虑一种观点。这样做可以将我们自己的观点与他人的观点分离，由此使我们避开内心冲突，在与他人共情时，我们可以将自己的观点抛在脑后，而在我们自己的生活追求中，我们可以将他人的观点放在一边。在某种程度上，这正是我们大多数人的做法；因为认为共情似乎很重要，所以我们便试着将所有的注意力都集中在他人身上，而在他们离去后，我们就不再想象他们的观点了。但是，在面对我们生活中最重要的人时，我们发现自己几乎总是在和他们共情；虽然我们仍然遵循自己的观点来行动，却时常想象他们会怎么看待我们所处的情境。而这正是我们希望与我们共情的人所做的事：我们不希望他们全神贯注、竭尽全力地与我们共情，也不希望我们不在的时候他们就忘记我们。

那么，如果偏好第一种想象是正确的，希望我们对他人的共情长久存在并产生重大影响也是正确的，那么，我们必然会体验到在我们与他人的视角之间持续存在的重大冲突。我们将他人的思维带入我们自己的头脑，结果让自己变得自相矛盾。

可能的消解方式

第三种消除内心冲突的方式是消解对立双方中的一方。在共情这件事上,这将意味着停止与他人共情(共情需要以第一人称视角来想象他人的观点),但并不是要求我们不再关心那个人。消解需要我们不再想象他人的体验(这种想象一般是失败的),而是集中精力支持他们的利益。消解需要我们同情而不共情,需要我们将他人保持在自我之"外",避免因为将他们"纳入"自我而导致内心冲突。

我们有理由认为,将他人保持在自我之"外"、同情而不共情,会让我们更加了解他人,更清楚应该如何更好地对待他人。回顾这些观点有助于区分什么时候应当珍视共情(及随之而来的冲突),什么时候又应当避免共情。

要了解他人的心理状态,除了与他人共情,还可以观察对方。两者究竟有什么差别?如前所述,共情需要以第一人称视角来想象他人的心理状态。[10]如果我们事先知道某人怕狗,或某人认为生活中充满了永无休止的竞争,我们就可以试着想象具有同样的恐惧或观念是什么体验。这能让我们不再以第三人称视角,而是以第一人称视角了解到相关的情况。以第一人称视角来想象他人在某一情境下的情感或信念,会让我们进一步以第一人称视角来想象他人在该情境下的行动、在另一情境下的情感和信念,以及面对未来事件时可能有的反应,等等。假设我们这些进一步的想象和他人的情感、信念、行动都受制于同样的(理性或心理)规则或力量,那么,这种想象可以让作为共情者的我们进一步了解他人的心理状态。相比之下,如果我们依靠观察,以第三人称视角来收集和他人的情境及行为相关的证据,并基于最能解释这些证据的理论,那么最终能就此人目前的心理状态得出假设。[11] 关于人们一般使用的是哪种方法,多年来有不少激烈的争论。前述的两种理解他人的方法,第一个被称为模拟方法,而第二个被称为理论方法。最终,争论的双方做出了重要的让步。支持模拟方法的人承认,观察和理论(很大程度上是无意识的)具有引导想象的作用。也就是说,在与他人的情境和行为有关的信息转变为关于心理状态的推测时,观察和理论发挥着重要作用。支持理论方法的人则承认,一旦我们开始想象他人所处的情境(的体验),大部分相关的理论化就会自动发生。结果,认知心理学的主要研究兴趣转向了不同的潜意识处理模型。根据这些模型,因为有潜意识处理,我们才能对他人的心理状态进行预测和归因。[12]

有时,我们会有意识地去了解他人的心理状态,而不是让潜意识当机立断,对他人的思想和情感下结论。考察这方面的情况会再次揭示共情和观察这两种了解他人的方式之间的差异。例如，不同的表演派别提倡不同的方式，而这些方式是互相冲突的：有的要求表演学习者生动地想象自己处于所扮演的角色的情境中，有的教他们观察、分析和仔细地复现与角色相似的人的行为。同样，人类学的不同学派支持以不同的方式研究其他文化的规范和习俗：有的提倡最大限度地沉浸并融入所研究的文化中，有的则坚持科学的方法，收集未被期待和解读影响的量化数据。另外，在我们的日常生活中，当我们从一个乞丐的身边走过，或者听朋友说话时，我们经常会感受到共情和观察分析这两种立场的撕扯。

菲利普·科赫（Philip Koch）支持共情。他批评道："没有共情，他人对我们来说就只是物体，所谓的他们的'存在'就没有任何意义。"但是，和共情者一样，善于分析的观察者也是在尝试理解他人的心理状态，而不只是像看待无生命的物体那样去理解他人可能的行动；问题的关键就在于，在理解他人的心理状态时，缺乏感同身受会帮助还是阻碍我们？我们可以在不同语言中找到线索，借以区分共情与观察这两种不同的理解方式。[13]但只要两者都是为了正确认识他人的观点，即正确描述他人的感知、信念、欲望、情感和期待，那么，两者就只是达成理解他人心理这个同一目的的不同手段。这样，两者就有了可比性，我们就可以考虑两者中的哪一个能更有效地实现这一目的。

我们可以合理地假设，如果共情者与被共情者有很多共同之处，共情就能使前者更加准确地对后者的性情、生活境况、记忆（背景信息）进行归因。双方的差异越大，则共情得出的结论越不可靠。这个假设背后的道理很简单：一个人在某一情境下的思考、感受和行动取决于其背后的信念、平常的性情和价值观。因此，如果我的信念、性情和价值观与你的越是相似，我的思考、感受和行动就越有可能与你一样；反之则不然。对我来说，比起与露宿街头的青少年共情，与经济上遇到困难的姐妹共情要容易得多。这意味着，要理解和自己相似的人，则最好采取共情的方式，而要理解与自己相差甚远的人，最好对他们进行冷静的观察和理论化。但在实际中，我们要辨别哪些差异是相关的，哪些差异是无关的，要考虑到我们永远有可能没有正确认识自己，因而也没有可能正确认识与我们相似的人，还要考虑到共情本身有可能被理论所引导。这些因素都让事情比上述的结论要复杂许多。如果我们相信人与人之间的共同之处多于差异，相信我们通常非常了解自己，也相信引导共情的理论经受住了时间的考验，那么，我们可能会在所有的情境下都倾向于采用共情的方法。然而，如果我们相信每个人都是独特的，相信我们经常受到自我的欺骗，相信我们潜意识的或者本能中的理论常常出错，那么，我们可能在所有情境下都希望避免采用共情的方法。（另外，一些人比别人更擅长想象，因而更擅长共情的理解方式。）不过，和本书的关注点更相关的是，上述讨论说明，只有在我们自己的观点和他人的观点不会发生剧烈冲突的情况下，选择共情才是恰当的，而如果存在观点上的剧烈冲突，更好的办法是依靠第三人称视角的观察和理论化。但如果确实如此，这就意味着我们只应该将那些在观念上不会与我们发生巨大冲突的人"纳入"自我。

不过，除了了解他人的心理，共情还有其他方面的价值。很多时候，我们已经知道他人的想法、情感或打算采取的行动（他们可能告诉过我们，或者我们基于观察已经有了准确的推测），但我们想知道（他们也希望我们知道）有那样的想法、感情和意图是什么体验；我们希望分享他们的体验（他们也希望我们这样做）。虽然我们与他们之间的差异导致我们无法以第一人称视角充分想象他们的心理状态，但以想象的方式来"获知"他们的情况可以拓展我们自己的想象力，挑战我们自己的信念。曾经维持过长期关系的人对这种效果并不陌生。

此外，共情只要能驱动我们为了他人而采取行动，在道德上就是有好处的。但共情真的有这种驱动力吗？有人对将共情作为一种道德的辅助手段提出了批评。他们提出了以下反对意见：

1. 共情经常让人误判他人的心理状态，因此也会经常让人误判有益于他人的东西。

2. 共情会让我们偏爱与自己极为相似的人，这违反了一视同仁的道德要求。

3. 与正在经受痛苦的人共情，实际上会让我们更加不可能为了他们而采取行动，因为我们本能地希望避开让自己感到压抑的情境。

这些反对意见都各有道理，不过都不足以让我们完全放弃共情。反对意见1会鼓励我们更加依靠第三人称视角的观察和理论化来了解他人的心理状态（当我们与他人之间存在巨大差异时尤为如此）；但我们不应当因此放弃基于知道的信息来进行共情。反对意见2让我们警惕一种危险：共情可能会让我们仅将道德行为的对象限制在能够与之共情的人当中；但这并不代表共情不能成为为道德服务的有力手段。[14] 反对意见3让我们警惕一种情况：我们有时会因为想象他人的痛苦而感到不安，并因此对他人的需求避而不见；但我们不应该因此而忽视另一种常见的情况：由于想象他人的痛苦而感到不安，也可以成为采取行动的重要原因。

再次应用3个模型

在前面的章节里,我们介绍过3个应对双重意识的内心冲突的模型:杂耍模型、静力锻炼模型和扰乱者模型。在本章中,如果我们不断地想象另一个人的视角,且对方的视角与我们自己的视角有明显差异,就会导致双重意识。那么,如果将这3个模型应用在这种双重意识上,又会有什么效果呢?

在双重意识中对立的两个视角,如果只有一个来自我们自己,另一个来自我们有意或无意地与之共情的人,在这种情况下以这两个视角来做抛接杂耍,会带来怎样的结果?和那位接受了两种身份的墨西哥裔美国人不同,共情者只支持两个对立观点的其中之一。我可能内化了母亲的宗教观,却认为这种观念是错误的;你可能会与怕狗的同伴共情,却认为同伴的恐惧没有道理;我们可能会与另一代人在世界观上共情,却拒绝接受他们的世界观。虽然持续的共情引发的内心冲突可能有保留的价值,但冲突的一方(被内化的他者)难道不是应该保持沉默,永远不会真正代替我们自己的视角吗?(也就是说,这与抛接小球时一个球暂时代替另一个的情况不同。)

这似乎没什么不对。不过,以对一种观点的支持来代替对另一观点的支持不同于以根据一种观点来行动的决心代替根据另一观点来行动的决心,两者之间有一个重要的区别。当我们以两种身份做抛接时(像那位墨西哥裔美国人,或那位哲学家兼艺术家那样),我们在两种冲突的支持之间摇摆,也在两种矛盾的决心之间为难;但是,在发生共情的时候,我们不需要支持他人的观点,只需要考虑是根据自己的观点行动还是根据他人的观点行动。例如,出于对母亲的尊重,我可能会参与到祈祷或者唱赞美诗的活动中,却从不支持这些祈祷或赞美诗的预设前提❶。(我所说的不是单纯地假装,而是出于共情和尊重才深入这些宗教活动的"精髓"当中。)15 相似地,你可能会因为关心那位怕狗的同伴而远离正在接近的狗,但你自己一直相信它是无害的。当然,即使不与他人共情,我们也可能以同样的行动来应对这些情境,但如果存在持续的共情,我们在做出相关的反应时,我们的内心一般会在遵循自己的观点和想象他人的观点之间摇摆。

应对双重意识的第二种模型是静力锻炼模型,即通过强化对立的立场来加剧冲突。这个模型在持续共情上的应用方式显而易见。如果除了自己的观念,我们还在头脑中保留了

---

❶ 这里的"预设前提"指的是信神。此句意为一个人虽然参与宗教相关的活动,却不一定信神。——译者注

他人的观念，我们就会更好地认清自己的观念，因为我们只有试着将自己与他人面对同一情境的想法、感情和意图区分开来，我们才会知道自己确切的想法、感情和意图。当你听到你的兄弟说一群青少年紧张而粗鲁，你才会意识到自己实际上认为他们是充满激情又有爱的一群人。将两代人的观点进行对比时，我们对其中某一代人的观点才会有更清晰的认识。明确自己与他人在观点上的差异，也可以让我们对自己的观点更有信心（"现在我知道自己在想什么了"），而利用这种差异（"我的观点和父母不一样！"）可以强化我们的信念。（如果一直意识到对立的观点，也可能会削弱我们的信念，从而消解这种对立。不过，鉴于前面一直在探讨共情带来的双重意识有怎样的益处，我这里是从应当保留这个模型的角度来进行描述的。）

和身体上的静力锻炼一样，加剧自己与他人的不同观点的对立同样可以强化双方之间的纽带（虽然这有些讽刺）。有几个原因可以支持这一点。首先，和前面一样，对立双方可能都依赖对方来定义己方。这样，一个人就从这种对立中获得了必要的对比，从而能清晰地认识自己的观点。其次，一个人需要将一些能量用于与他者的观点相抗衡，这本身也意味着他在意和重视他者的这个观点。对方的在意和重视经常是我们在人际关系中最为看重的一点。因此，这种在意即使是以对抗的方式表达出来的，也可以强化人与人之间的纽带。最后，冲突是对人际关系的考验，而激烈的冲突是对人际关系的严峻考验；但是，如果我们发现这段关系可以经受住冲突的考验，我们就会对其长期稳定性感到放心。（在他者被内化的情况下，我们一般很难选择结束这种关系。不过，我们如果注意到这段关系经受住了冲突的考验，也会因此感到安心。）这些并不意味着我们应该强化一切人际关系中的冲突；不过，如果内化或共情不可避免或值得保留，静力锻炼模型的确给出了一种思路来应对和享受相应的冲突。

第三种应对双重意识的模型是扰乱者模型，即不断扰乱对立中的主导与从属关系。回顾前文，扰乱可以用来对抗傲慢、反抗某一观点的主导地位，也可以仅仅是为了让事情变得有趣。要在本章所述的双重意识上应用扰乱者模型，我们就要欢迎与被内化的他者之间的冲突，从而使自己跳出习以为常的视角。继续想象另一个人的观点时，我们会移走自己基本的分类方式和假设。这样一来，我们的生活就不再是一潭死水，不再那么压抑。

但是，当内心冲突来自想象他人的视角时，如果用这个模型来应对这种冲突导致的双重意识，我们就会遇到一个问题。我们虽然几乎总会想起某些人的观点，却从不将这些观点视作自己的观点。如果一个人的双重意识源于他的双重身份（例如一位墨西哥裔美国人，或一位哲学家兼艺术家），他会将两种观点都当作自己的观点。在这种情况下，持续地以其中一种身份挑战另一种身份的地位，可以很好地避免任意一种身份主导另一种身份。但如果这第二种身份是一个他者的身份，而且我们显然不赞同这一身份附带的观点，那么，以他者的观点挑战自我的观点就意味着以他者的身份代替自我身份。这种改变在本质上非常随意（无论我们内化或共情的是什么观点，它都会变成我们自己的），也着实让人担忧。除了这种担忧，它还暗示着一种非常诡异的情形，那就是自我与他者观点的区别消失了。原因是，如果一个人先是为了破坏自身的稳定和自满的状态而接受了他人的观点，此时，因为这个外来的观点已经变成了自己的观点，他又会需要切换到一个新的他者的观点（他有可能只是重拾旧的观点，但此时旧的观点被当成起到扰乱作用的新观点），如此反复。同时，如果我们和他人以这种方式互相共情，他们也会用我们的观点来代替他们原本的观点。虽然我们有很好的理由来质疑自我与他者之间是不是真有这么大的差异，但假如采用上述的方式，自我与他者之间观点的差异就变得毫无意义，而且这种方式还会将与他人共情的尝试变成接受新观点的机会。

于是，在我们讨论过的这3种模型中，杂耍模型虽然能用，但在考虑拿什么来做抛接杂耍时，我们发现它还是有一些限制。静力锻炼模型的效果似乎比较好。而要应用扰乱者模型，我们就不得不抹杀自我与他者之间的差异，但就本章所述的双重意识而言，这种差异具有根本上的重要性。

第三章 他者入我心

第四章
视角大与小

是那种宏大和微小使之成为可能。我的各种情感非常强烈，但这个圆周似乎圈定了我的情感。不，我既感受到情感的激荡，同时又知道这种情感无足轻重，我受不了这种奇怪的不和谐。

——弗吉尼亚·伍尔芙（Virginia Woolf）

弗吉尼亚·伍尔芙写下这几行字是在1940年。当时，德国兵临英国，而她在思考给布鲁姆斯伯里团体❶中的一员、艺术批评家罗杰·弗莱（Roger Fry）写传记一事。她所经历的内心冲突并不陌生——她一方面感到有一股情感极为揪心，另一方面又认为置身于更宏大的背景中，这种情感微不足道。

---

❶ 20世纪初英国的一个知识分子小团体，伍尔芙和下文的罗杰·弗莱都是其成员。——译者注

对于同一个情境,即她给弗莱写传记一事,她以不同的两个图式来看待。一个图式仅仅关注她在写作中遇到的挑战和获得的愉悦感,另一个则着眼于更大的局面,认为像这样的传记作品在战争时期并不重要。当她写下"既感受到情感的激荡,同时又知道这种情感无足轻重,我受不了这种奇怪的不和谐"时,她所表达的不是她困惑于二者之间的差异,也不是应该如何从其中一个观点转到另一个观点,而是无法在两个观点之间求得某种和谐状态。这种冲突的关键并不在于伍尔芙写作上的细节,也不在于战争即将到来的紧张局势,因为无论一个人在做什么事,他所做的事总会在某个更宏大的视角下显得无关紧要。如果我们同时从较狭小的视角和较宏大的视角来看待自己的各种努力,我们会经常发现自己对于这些事情的重要性有自相矛盾的看法。

基本的冲突及其必然性

长期以来,托马斯·内格尔(Thomas Nagel)认为,在主观视角和客观视角之间存在着根本的分歧,并且我们不应试图将二者合而为一,而应当同时维持这两个视角。[1]以蝙蝠为例,内格尔认为,如果我们遇到这种陌生的动物,并试图通过广泛地学习其生理特征、行为、环境和进化史来了解它,却完全不知道"从内部的角度"❶来看作为蝙蝠有怎样的体验，我们就会面临主观和客观之间的分歧。不过，内格尔之所以对这种主客观的分歧感兴趣，还在于它会影响我们对于事物的重要性和价值的思考，而这也是本章的重点所在。例如，在《利他主义的可能性》（*The Possibility of Altruism*）一书中，内格尔写到我们需要同时处置两种状况：一是以特殊的方式珍惜自己的生命；二是遵循道德的要求，承认他人的生命也同样珍贵。[2] 在"荒诞"（The Absurd）一章里，他对比了我们的努力在小范围内的重要性及在大环境下的微不足道。如果我们抛开较为宏大的客观视角，我们就将受制于自己最紧迫、最自私的关注点，即像低等动物那样生活。但如果我们抛开较为狭小的个人视角，我们就会与自己的实体存在分离开来，即像一个脱离尘世的神灵那样生活。在内格尔看来，人类必须兼具两种视角，但二者必不能被整合为一个整体的视角。反之，我们必须学会"脚踏两只船"，同时从较狭小的视角和较宏大的视角来看待我们自己以及我们所处的情境。[3]

值得一提的是，我们大多数人的宏大视角与较狭小的视角并存，而前者尽管让我们对于局部的关注显得没那么有意义，但不会完全抹杀其重要性。如果我们后退一步，将自己

---

❶ 即从蝙蝠自身的角度。——译者注

的处境置于大局之中来观察,我们会看到自己对他人影响不大,但终归有所影响;如果我们采用更宏大的视角,我们会看到,本地的政局或拯救一棵树的行为尽管影响不大,但多少带来了一些改变。这个事实不只关乎我们在实际中采用的宏大视角,还关乎要满足什么条件才能采用一个视角。如果没有意义,也就是没有一定的方式来将事物归类,并就这些类别来评价事物,就不存在任何视角。[4]因此,一方面,囿于一隅的关注在大局之中相对没那么重要,这是完全可以理解的;但另一方面,要说我们能采用让生活显得全无意义的视角,这是没有道理的。

内格尔否定了调和狭小视角和宏大视角的解决方法,并就此给出了特别有说服力的论证。[5]总有一个狭小视角认为我们的个人所求是重要的,也总有一个宏大视角认为我们的个人所求是不重要的。两者都有使人之所以为人的东西——前者让我们全心投入个人的追求,后者让我们认识到个人的追求在更宏大的层面上相对不那么重要。如果我们试图在两者之间寻求折中方案,我们就会同时失去这两方面的东西。要想确定合适的折中视角是很难的(伍尔芙应该从文学史的角度、从英国安危的角度、从人类文明的角度,还是从太阳系的角度来看待自己的写作?)。除此之外,维持折中的视角必然会打击人对于自身努力的热情,同时限制其思考范围。这并不是说我们应该尽可能既从最狭小的角度来看待事物，又从最宏大的角度来看待事物。只是，同时以相对狭小和相对宏大的视角来看待生活，是我们作为人类的重要特征。

那么，能否以其中一个视角来涵摄另一个呢？将局部的关注点置于更为宏大的、全球性的关注点当中，甚至将其当作一个宏大场景的小小片段，又有何不可？[6]我个人生活中的幸福尽管只是世界上有价值的事物的一小部分，但的确是有价值的。再者，微小的事件也可能产生巨大的影响——大到超出所有人的预料，所以我们不应忽视任何一个行为的潜在价值。

评估重要性时，如果以这种策略来克服狭小视角和宏大视角的对立，就会面临一个问题：这种策略是会因为偏好宏大视角而抹杀狭小视角的价值，还是否定在价值上做任何比较的正当性？如果将宇宙万物视作一个整体，在这个整体的宏大视角下，是不是一切事物都毫无意义可言？（我在后面会再谈到这一点。）这个问题暂且不论，如果仅仅将个人对局部的关注视为整个世界有价值的事物的零光片羽，我们必然会觉得它的重要性大打折扣——远不如从狭小视角出发时所感到的那么紧迫，我们也不会投入那么大的热情。这是两难之一。另一方面，如果一个人坚称对局部的关注能对整个世界产生重大影响，并据此坚持认为对局部的关注是重要的，那么此人将不得不无视一切价值的相对性——这样就严重阻碍了一切价值上的比较。这也是两难之一。

假设一个人正在遭受磨难,个人的磨难能有多重要?多萝特·左勒(Dorothee Sölle)写道:

> 当然,客观上来说,普罗大众的磨难比单独一个艺术家的磨难更加重要。但如果不断地采用这种"客观"视角,我们就不再能感知任何磨难。和一个更大的整体相比,每一个体都会相对被看轻。从整个世界史的角度来看,所有的磨难都将由此消失。要是按重要程度排列人们的磨难,做成一个资产负债表,那真是一个惊悚的场面。

左勒并不否认从更宏大的视角来看待人类的磨难有其正当性,但她拒绝以定量的方法比较磨难的相对重要性,拒绝借此以宏大视角涵摄狭小视角。如果我们以人类集体磨难的"客观"重要性来涵摄个人磨难的"主观"重要性,那么我们就会将个人(或者某一时期内)的磨难看得很轻,甚至认为它根本不重要;如果我们认为个人的磨难根本不重要,我们就再也无法看到任何磨难的重要性。

在对比人生的短期视角和长期视角时,我们也面临着同样的两难境地。短期和长期目标经常把我们拉向不同的方向,我们可以"活在当下",也可以"放眼未来"。将一整天都用来学习可能符合一个人的长远利益,而看一部电影作为消遣则符合短期利益。在受到冒犯时,保持沉默从长远来看可能是有利的,而当场爆发能带来即时的满足。类似的两难境地数不胜数,而我们很容易倾向于认为,在美好充实的一生中,短期的满足能被包含在长远的满足里。但如果我们仅把即兴的、短期的快乐当作长期的美好生活的一部分,我们就难以投入当下,难以将当下视作唯一重要的体验。(看电影不再是一时的逃避,而是合理的休息;当场发火不再是一头扎进情绪的深渊,而是有益的发泄。)另一方面,如果一个人认为每一段经历都对长远的幸福(或不幸)起着某种未知的作用,这就模糊了短期和长期利益之间本应存在的差异。

与短期和长期利益的差异相呼应的,是思考型态度和非思考型态度的差异。长期的满足一般取决于长远规划,而长远规划需要思考型的人生态度。相比之下,短期的满足一般来自追求实现即时的愿望,并不需要思考。如果将非思考型的状况纳入思考型的状况,前者的特征及与其伴生的快感不仅难以保留,反而会遭到破坏。

即使宏大视角和狭小视角(以及短期视角和长期视角)之间的冲突无法以之前提到的方法来解决,我们仍然有可能通过为二者划定不同的应用领域或情境来结束这一内心冲突。

作为人类，我们既需要狭小视角，也需要宏大视角，但可以肯定的是，我们在某些情境下应该在二者中择一使用。例如，如果一些活动需要我们保持高度专注，同时维持宏大视角和狭小视角就会影响我们的效率。如果你在做一台高难度的手术，或在移动一件无比沉重的家具，又或者是在点数一群鹅的数量（这里的重点不在于这些活动本身是否重要，而在于其需要高度集中注意力），那么一般而言，增加一个宏大视角，使得自己陷入双重意识状态并不明智。[7]与此相似，如果你要阻止某人被车撞上，接住一个掉落的玻璃杯，或者盯着一只青蛙，等待它吐舌的一瞬间，你需要在极短时间内做出反应，而这时只采用狭小视角更好。

还有一些活动需要放弃狭小视角，采用宏大视角。这些活动一般不是躯体活动，而是心理活动，因为躯体活动需要我们密切关注自己所处的局部环境（例如我们想要做的事情以及自己的时空位置）。[8]同时，在本质上，心理活动一般需要应对的是更大、更加长期的关切——例如需要以中立的立场做出政策决定，或者思考遥远星系中的一个黑洞会带来什么影响。[9]但是，这并不代表宏大视角就更重要，也不代表在重要的事情上更应该采取宏大视角。无论是在人的一生中，还是在政治上和在科学上，心理活动未必比躯体活动更重要，使用长期视角的后果也未必比短期视角的后果更重要。

在生活中，我们在很多情况下不可能或是不应当将自己局限在狭小视角或者宏大视角。例如，在事业追求或者育儿问题上，我们几乎一直需要平衡狭小视角和宏大视角。在这个过程中，狭小视角下的关注点在宏大视角下经常显得无足轻重；反之亦然。在填写一个表格或是开车送孩子去学校时，放弃宏大视角或许是明智的，但在追求事业或者养育孩子的过程中，大多数活动都需要我们一直同时维持两个视角，而我们也会从双重视角中受益。无论是过于认真对待个人所做的每一次努力，将其当作极其重要的事情，还是对一切都满不在乎，采取看轻一切的态度，个人行为的成效都会有被破坏的危险。不过，维持这种双重意识究竟又意味着什么呢？

选择反讽

内格尔倾向于以反讽来应对维持狭小视角和宏大视角所带来的紧张局势。反讽有多种类型，但它们都依赖于一点：在展现某一个视角的同时将自己从那个视角中剥离出来。反讽标示着一个人批判性地与自己的观点保持距离，与自己提出的主张脱离关系。[10]不只是在学术圈里，在青年文化以及当代媒体之中，反讽都是一种风潮。例如，流行乐队U2使用流行文化的品牌、标语和形象来嘲讽这些流行元素，而这种使用流行元素的方式让乐队既能够融入流行文化,同时又能够批评流行文化,因而备受赞誉。[11]在社会生活中,有两种人很常见:反讽性的家长和事业狂人。前者一边娇纵自己的孩子,一边又对自己的溺爱行为翻白眼;后者一边为自己的目标顽强奋斗,同时又一直嘲笑这些目标。表面上看,反讽是拿狭小视角与宏大视角做抛接杂耍的一种方式,既让二者能同时发挥作用,又无须否认其中的冲突。但是,抛接小球能否成功取决于能否让每个小球都活动起来,反讽的立场却常常同时削弱两个视角——让狭小视角失去活力,也让宏大视角规避采取行动的责任。这一点在反讽的理论和实践上都有所表现。

谈及宏大视角和狭小视角的冲突,在反讽理论方面就不得不提理查德·罗蒂(Richard Rorty)。据罗蒂的描述,如果一个人既遵循自己的图式(罗蒂也将之称为一个人的"词汇"),又认识到这个图式从宏大视角来看并不比其他可选择的图式(其他"词汇")更有说服力,他的内心就会发生冲突。因为意义和正当性总是与特定图式相关,所以不可能从一个更高远的中立视角(或者说"词汇")来比较这些对抗的图式的相对价值。[12]即便是对冲突的表达,也定然出自其中一个图式的视角。但在许多例子中,两个交替的图式的碰撞导致了政治上的严重冲突,却没有一个宏大视角能弥合这种冲突。罗蒂提倡以反讽立场来应对这种情况——反讽让我们既继续遵循自己的图式，同时又承认自己的图式和对手的图式都同样是正当的。在战争的情境下，这意味着我们既为自己一方而战，也承认对手有其正当性。在修辞的语境下，罗蒂提倡一种私人修辞（private rhetoric），与之相对的是公共修辞（public rhetoric）。公共修辞宣传容忍和包容，而私人修辞贬斥与公共修辞共存的其他视角。显然，这种策略引起了公共修辞和私人修辞之间尴尬的对峙（甚至可以说是明明白白的虚伪），罗蒂也因为这个理论带来的一些影响而饱受批评。[13]

我想提出的疑虑与此有些许不同。罗蒂的反讽削弱了我们对于宏大视角和狭小视角两者的坚定信念——对于用在自己和其他想法相近的人身上的词汇，以及用于与他人沟通的词汇，我们都不再那么相信。一方面，如果我们认为自己的事业并不比其他事业更具备正当性，我们为之奋斗的动力必定会减弱；另一方面，对于更为宽泛的话题，如果我们认为自己发言不是为了表达个人的坚定看法，而是为公众发声，我们就能逃避将个人观点付诸行动的责任。罗蒂承认，将反讽教给我们的孩子是危险的，因为反讽会使他们缺乏坚定的信念。但他没能解释成年人应当如何化解这种危险。[他还建议将"非知识分子"（nonintellectuals）视为儿童的："在理想的自由社会，知识分子仍将是反讽主义者，尽管非知识分子不会如此。"或许让知识分子仅仅谈论战争，而让非知识分子真的走上战场？］如果将罗蒂式的方法应用到伍尔芙的处境中，伍尔芙可能会一方面在私下里（但仍有疑虑地）欣赏自己的生花妙笔，另一方面在公开场合（空洞地）谈论应该追求人类的共同福祉。

我认为，罗蒂所说的反讽充满骄傲自满，且缺乏吸引力。它代表了一种"无所不知"的态度，但这种态度在伍尔芙的困境中格格不入；它还表现出一种"我能两全其美"的自信，而伍尔芙并没有这种自信。这种自满可能源于和宏大局面缺少情感连接（很难想象罗蒂在面对文化之争时会像伍尔芙面对二战时那样忧心）；或者，它可能意味着过于相信概念区分的力量（毕竟罗蒂是个哲学家）。他所说的反讽，是满足于当一个两面派，而不是指一个人的内心被大力扯向相反的方向，也就不是真正的矛盾心理。在这个意义上，反讽是一种失去活力的双重思维。[14]

杂耍与扰乱，来自笑声和超现实主义的启示

要找到替代反讽的选择，我们可以来看笑声是如何缓和狭小视角与宏大视角之间的紧张局面的，并对比其中的不同方式。原因在于，如果我们能同时以内部和外部视角来看待

某一话题或事件，我们就常常会因此而发笑。例如，我们可能会特别关注一只鞋子的颜色或一块三明治的价格，但在宏大视角下，这种狭小视角下的关注会变得荒谬可笑。很多时候，如果我们能够站在具有宏大视角的某个人的角度来看待平常的关注点和分歧，就会产生幽默效果。[15]〔赫尔穆特·普勒斯纳（Helmuth Plessner）提出了一个有趣的设想：人在发笑时的身体颤动表明我们在内部和外部视角之间摇摆，表达了在试图控制自己的人生和接受失控状态二者之间存在的紧张对峙。〕但笑声有不同的风格，即以不同方式来引起和利用宏大视角和狭小视角的冲突。我认为，与内格尔的反讽立场相对应的，是一种扭曲的、不甘心的笑声——是带着宠溺的微笑居高临下地摇头否定。而与罗蒂的反讽立场相对应的，更像是一种心照不宣的笑声——是带有"我们能逃过惩罚"的意味的笑。我先前已经表明，我认为这两种立场都过于骄傲自满。另一方面，和伍尔芙的风格相对应的笑声则更加混乱，更像是在两种视角之间持续地来回转换，试图兼顾二者。（这种笑也更接近哭——就两者之间的相似性，普勒斯纳有详细的表述。）

有一个极端的例子，就是歇斯底里的笑声。如果一个人同时以更狭小、更主观的视角与一个更宏大、更客观的视角来看待事物，两个视角的所见会出现矛盾，而歇斯底里的笑就常常被认为是在不自主地表达这种矛盾。实际上，疯狂的定义之一,就是在看待自身所处的情境时无法协调自己的主观视角和一个更客观的视角。[16]在路易斯·A.萨斯(Louis A. Sass)的描述中,精神分裂症患者容易同时产生"极端主观和过度客观"的想法。这方面的表现之一是,病人在从看护人的角度思考自身的经历时,会以一种特有的方式笑出声来。[17]但不是只有陷入疯狂的人才会有类似的体验。例如,从狭小视角来看,我们的某些行动是为了改善某些状况,但从宏观语境来看,这些行动使得情况恶化了。此时,从我们自己的角度和他人的角度来分别看待我们的同一行为,得出的两种看法是矛盾的。即便作为正常人,我们也会因为看到这种矛盾而歇斯底里地大笑起来。然而,当主客观视角之间的鸿沟变得不可逾越,或者让人感到极度不适,人就倾向于无视其中一方的正当性(哪怕此人同时维持两种视角),或是在两者之间摇摆不定,左右为难。以下是萨斯的描述:

> 患者对自己远离一切正常的活动或人际交往感到自豪——例如,在与他人握手时,病人可能会表现得好像他们在参与某种荒诞至极、随心所欲的活动,而在面对提问时,他们可能会反应得像是在屈尊满足无用的小小要求。这些表现体现出病人具有一种带着嘲弄和厌恶但又不乏困惑的反讽态度。

或者，在另一些情况下：

在不同视角间摇摆不定，在不同的世界之间切换，而每一个世界都有其自己的表达和分离的方式。由于某种眩晕，由于不断地有一个参照系崩塌并倒向另一个，这种混乱就由此产生。

关于兼顾狭小视角和宏大视角，在《米德尔马契》中，乔治·艾略特谈到了一个相似的情况："奇怪的是，我们中的一些人能很快地切换视野，目光能越过我们一时的痴情。而正当我们在高地上狂欢之时，他们看到了广阔的平原，我们执着的自我正在那儿驻足，等待我们。"[18]这段对于泹然心态的描述包含短期和长期利益之间的对比（"一时的痴情"和"执着的自我"），以及空间上的对比（"高地"和"广阔的平原"）。后者以地形为喻，从两个角度展现了人物的内心世界：从近处看是情感的剧烈起伏，而一旦我们的视野开阔了，就会看到更宏大的平静状态。不过，她的描绘和更常见的表述有一点相反。在常规的表述中，更宏大、更包容的视角位于更狭小、更局限的视角之"上"。在上面的这段话中，艾略特将宏大视角放在"低处"，将其表现为情感的基底，而更短暂、更具个性化的激情有时会从中升起。[19]

我们尽可以在想象中把宏大视角置于狭小视角之上或之下，但这并不意味着宏大视角与更高处的视角之间的联系完全是任意指定的。长期以来，人们在传统上普遍会将上流社会、先进的文化、高等法庭和高深的思想与更宽广、更不带偏见（即更客观）的视角联系起来。在同样长的时期内，人们习惯于将宏大视角视为更有价值的视角。也有人逆着这些传统，为了把这个等级制倒转过来而做出了不可忽视的努力，将更多的价值赋予下层阶级、落后的文化和肤浅的追求——因为我们应该更加重视切身相关、世俗、具体的事物，或者仅仅因为狭小视角作为与宏大视角对立的一方，其价值一直被低估了。[20]［亚当·高普尼克（Adam Gopnik）认为，"我们如今所珍视的反讽的性质是……颠覆客体和价值观，倒置大与小的习惯"。］这种做法的目标，与其说是维持兼顾对立视角的状态，不如说是决心在某一时刻以被主流压抑或封锁的视角来扰乱和取代居于主导地位的视角。[21]

继德里达及其他人之后，近来的解构主义者一直在政治和艺术领域积极倡导这个策略，并产生了一定影响。但在解构主义以前，已有一个同样有影响力的思想流派致力于这种扰乱和倒置，这个流派就是超现实主义（surrealism）。从字面意思来看，超现实主义所遵循的东西超越了通常意义的"现实"（"超"）；但它同时也倒转了对于现实的定义。在超现实主义出现后，曾被认为是非现实的、不重要的东西（例如梦境和幻想），都被看作最为现实和重要的；曾被认为是我们体验中更宏大的、更客观的那一部分，都被看作整个人类的重要体验中极小的一部分。最初的超现实主义者十分清楚，我们潜意识的内容必定会随着社会和政治环境的改变而改变。例如，安德烈·布勒东（Andre Breton）于1945年在海地时，将超现实主义艺术和山雨欲来的革命目标联系起来，坚称心理自由和政治自由都"不但必须被视为一个理想，而且必须被视为能量的持续再创造。它绝不能保留任何求得舒适平衡的念头，而应当被视作持续的反叛"。20年后，奥克塔维奥·帕斯（Octavio Paz）写道：

> 我完全不知道超现实主义流派的未来如何。但我敢肯定，这股从德国浪漫主义和布莱克（Blake）涌向超现实主义的潮流不会消失。它将自成一派；它将成为另一个声音。

超现实主义的扰乱与双重意识尤为相关的一点在于，它们都依靠让人不自在的并置共存来摆脱占主导地位的假设和思想体系。超现实主义者坚持要解放受到压制的（心理上和政治上的）现实，但反对建立任何形式的新秩序。（例如，他们在政治上更倾向于无政府主义而不是共产主义,并且他们批评机构化的精神治疗。)1924年,布勒东发表宣言,提倡"使两种相距甚远的现实并置共存。两者的关系越是疏远和真实,这个形象的力量就越是强大——其情感的力量和诗意的现实就越是强大"。不过,并不是所有的并置共存状态都符合超现实主义的目标。它必须是一个熟悉的现实与一个颠覆熟悉感的现实之间的并置共存。在超现实主义绘画中,普通的描绘对象被赋予超常的特征——这种表现手法拒绝任何统合的身份(长着鸟喙的人、融化的钟表、机械部件构成的大象等)。超现实主义幽默先引入某些正常的期望,然后偏离这些期望,转而追求怪异的、不合常理的,从而产生幽默的效果。这不仅出现在视觉艺术里,也存在于荒诞主义文学、荒诞主义戏剧以及音乐作品中。然而,虽然正常的、占据主导地位的论断最初被认为能代表更宏大、更客观的现实,但在超现实主义者的现实中,占据主导地位的仍是异常的、与主流对抗的论断。

静力锻炼模型的选择

我们提出过应对双重意识的模型,其中之一是静力锻炼模型(另外两个是杂耍模型和扰乱者模型)。静力锻炼模型主张,如果加剧两个对抗的视角之间的紧张对峙,实际上会使两者都得到强化。前文提到,伍尔芙"知道"在宏大的世界局势当中,她对于自己的写作有何感想都不重要。但她又接着问道:"但我有时会想,这会不会比以往都更重要?"在看待事物时采取宏大视角,会不会反而凸显了狭小视角的重要性?反之亦然,狭小视角会不会并未消解宏大视角的重要性,反而凸显了后者的地位?

在伍尔芙的情境中,一方面是求助于宏大视角来看待战争中的世界,另一方面是从狭小视角来看待她的写作计划。我们可以想象到为何前者反而让后者显得更加重要——她的写作就像沙漠腹地的一丛树,或者一片汪洋中的一个小岛。写作或许在心理上给伍尔芙提供了一剂解药,助她对抗更大的绝望。她所珍视的世界正在毁灭,而写作似乎是她当时唯一的反抗方式(无论这种方式的影响多么微小)。类似的应对方式在日常生活中有很多例子。当我们承认自己几乎不能控制孩子或者朋友的生活,我们可能会决定更加投入于那一点点能做的事情。面对大规模的政治动荡,一个人可能会更积极地参与到当地的政治中。对自然环境面临的全球性威胁感到沮丧时,一个人可能更加留意身边的自然环境变化,并更加积极地保护环境。

内格尔似乎将这种应对贬斥为自我放纵。加缪(Camus)

赞扬反叛的西西弗斯（Sisyphus）（后者明知自己的努力最终都是徒劳，仍然一次次将巨石滚上山坡），而内格尔针对这一点如此写道："在我看来，这既是一种浪漫主义，也带有些许自怜。我们的荒诞并不一定带来那么强烈的痛苦，也不一定有那么激烈的反抗。"不过，这种论断听起来像是对一切热情都保持怀疑，就好像一个人已经感到厌倦，于是耸耸肩，表示"随便吧"。为什么宏大视角带来的沮丧感不能增强我们对于狭小视角的信念？这可能是因为内格尔认为两者具有同等的真实性和有效性，所以他反对任何二选一的应对方式。（例如，他否定将自杀作为向宏大视角让步的选项。❶）但是，静力锻炼模型表明，我们可以利用两者的冲突来强化和深化两种立场。我们已经看到，坚持宏大视角切实强化了我们对于狭小视角的信念。那么，坚持狭小视角是否也能强化我们对于宏大视角的信念？如果我们个人的具体工作或感情对我们来说是重要的，而在更大的图景下则不然，那么，强调前者是否也能让我们更能理解后者？

狭小视角下的追求会给我们带来强烈的、难以捉摸的苦

---

❶ 内格尔在《人的问题》中说，个体生命相对于广阔的时空而言十分渺小，这会使人感到生命是荒诞的。内格尔所说的荒诞感，是本书作者丘奇所称的向宏大视角让步、否定狭小视角的价值的结果。内格尔不认同通过自杀来逃离这种荒诞感，认为通过自杀来表现出"高贵"（即表现出个体对于宏观世界的蔑视）是一种带有"空想"和"自怜"意味的做法。——译者注

与乐，而我们越是投入这些追求中，随之而来的感情便越是强烈，越是难以捉摸。由此引发的痛苦和不稳定状态会导致一种激烈的反应，让我们更专注于宏大视角——从宏大视角来看，我们的艰苦努力不值一提，而随着时间的推移，我们生命中的起起伏伏都会变得平坦。宏大视角导致的无意义感能使我们因为逆反而再次肯定狭小视角，狭小视角带来的情感混乱也能让我们更坚定地以更冷静的宏大视角来看待事物。佛教的"无住"理想有多种解读，其中至少有一种解读认为，我们人类应当追求具体的个人使命和利益，并经受随之而来的不可避免的情感混乱；与此同时，我们应该采取一个更宏大的视角，以便从这种情感混乱中抽身而出。这种"无住"的状态听上去是指我们以不假思索、毫不动情的方式生活下去，但《薄伽梵歌》（*Bhagavad Gita*）中的不同篇章不仅坚称愤怒或悲伤等情感必然会出现，也强调了这些情感的出现是正当的。《薄伽梵歌》中有一种关于"无住"的常见的解读，将两类情感区分开来：一类情感只是一时的情绪波动，很快就会过去，而另一类是导向性的，会控制我们或定义我们。这种解读建议我们接受前一类，拒绝后一类。换而言之，它要我们从情感当中去除自我。这意味着什么？一方面，我们应当允许自己被自己的情感所打动，但不能沉溺于这些情感；另一方面，我们应当极为忠实地履行我们的责任，但不应关心最终的成败。[22]无论是在哪个方面，狭小视角带来的压力都使我们着眼于宏大视角，而宏大视角的支持使我们能够坚持狭小视角。["无住"应当让阿周那❶（Arjuna）成为更加强大的战士。]

我认为，这种宏大视角与狭小视角相互强化的观点有其道理，但很难引起共鸣。的确，人们能够以"无住"的态度来应对个人追求带来的情感波动，同时依靠"无住"的态度来坚定对于个人追求的决心。但是，"无住"的态度尽管备受推崇，却似乎极度抽象而疏离。与此同时，在微观层面的追求又似乎是自满而无趣的。齐泽克（Zizek）（最初作为悲剧）写到佛教在西方社会的流行——

> 一方面让你能够全身心投入资本主义的狂热游戏中，另一方面又使你一直感到自己并非真的身在局中，使你觉得自己非常清楚整个局面是多么没有意义，因为真正重要的是内在的自我获得的平静，而你知道自己随时能退回这份平静中。

---

❶ 《摩诃婆罗多》中的人物。在《摩诃婆罗多》中，阿周那即将面临一场大战，却因为敌方阵营中有亲友而不愿战斗。犹疑之时，他接受了黑天的开导，而两人的对话形成了《薄伽梵歌》。——译者注

我认为，在狭小视角与宏大视角之间还有一种更吸引人的静力锻炼法。这个方法中的宏大视角能涵盖更大的时空范围，但又不会抽象到脱离具体时空的细节。因此，其抽象性不会替代其具象的一面，并且会和狭小视角一样与情感紧密相关。[23]我们大可不必搬出一整个宇宙作为我们的参照系，而是转向宇宙史、亚原子粒子、其他行星系以及黑洞，深入挖掘其中的种种细节。要为某个特定场景创造背景，我们不必像委罗内塞（Veronese）那样运用大面积的浅色，也不必像卡拉瓦乔（Caravaggio）那样铺上伸手不见五指的黑色。我们可以像勃鲁盖尔（Bruegel）那样在背景中填入考究的细节，使得没有哪一个场景显得特别重要，但整体上又因这些细节而显得鲜活生动。在审视一个国家的历史时，我们可以不必空泛地谈论其过去的贫穷和暴力，而是可以详尽地说明这个国家曾有过的人民运动、礼节、疾病、战争和经济状况。[24]对1940年正在写作的弗吉尼亚·伍尔芙而言，采取宏大视角可以理解即将来临的战争的细节（战争的起因、代价、受害者和领导人）。这样，她的写作背景就与个人情感息息相关。

不难理解，一个人在狭小视角下的追求会使他从一个细节转到另一个细节，最后实现宏大视角下更大的利益。例如，追究某一个事件的起因会引导一个人回顾更久远的历史；追究某一个观点的依据会引导一个人更深入地挖掘一整个文化所内含的论断；观察某一片叶子的纹样会让人对很多其他植物产生好奇；等等。在一段相对较长的历史、一个涵盖更广的文化或更多的植物中关注细节，还能促使人在更微观的层面上更仔细地审视特定的事件、观点和对象。狭小视角和宏大视角可能会在某一时刻争夺我们的注意力，但我们如果能同时维持两个视角则会更加投入。观看勃鲁盖尔的一幅画时，我不能一边仔细打量画中的某一个工人，同时又关注画作的整体效果，但如果我在观察画面的细节时也没有忘记画作的整体效果，那么我在两个层面上都能更深入地了解和欣赏这幅画；反之亦然。采用宏大视角并不意味着否认狭小视角的价值，而是让后者在一系列细节组成的宏大语境中产生新的价值。某一个工人的劳累与另一个工人的休憩形成对比，一个人背上的负重与另一个人在水中的沉浮形成对比——正是这些细节让整幅画得以细致地展现日常生活的方方面面。在画中，每一个瞬间带来的激烈情感都被其他瞬间的激烈情感所抵消。最终，整个作品在我们眼中比任何单独呈现的细节都更加完整，更富有生命力。

我想，如果伍尔芙能够将她在写作上的投入视为巨幅画作的一角，并知道在同一画作上还有很多其他的小场景也具有同样的激烈情感，她也会有像看画一样的经历。在宏观层面上，几千人濒临死亡，更多的人挣扎求生。与此相比，伍尔芙的写作计划当然不那么重要。但是，正是每一个人的激烈情感和人生追求让即将到来的战争变得如此意义重大。因此，伍尔芙的情感和追求生动地说明了在宏观层面上是什么至关重要，又是什么受到了威胁。或许，当她疑惑自己的情感会不会比以往都更为重要时，她实际上要问的是，会不会是人类情感的激荡——无论这种情感是什么，无论是谁产生了这种情感——让这场战争变得如此意义重大？

这是否克服了情感层面的冲突？未必。然而，这个冲突不再是重视某些东西和不重视某些东西之间的冲突，不再是关心和不关心之间的冲突（在这两种情况下，两种情感只有继续互相对抗才能互相强化）。现在的冲突在于，在表示关心时，我们是从个人角度还是从超越了个人的角度出发的。只要一个追求的价值取决于它在更宏观的层面上的贡献（例如，某人的工作是有价值的，因为它为此人所相信的战争做出了贡献，或者一个人对一个孩子的关爱是有价值的，因为它对人类历史做出了贡献），狭小视角所引起的情感就不会与宏大视角所引起的情感相冲突。不过，在很多情况下，一个对象或事件对我们而言是重要的，但这并不是因为它对更大的事业有所贡献；或者说，短期内对我们来说重要的东西和从长远来看对我们重要的东西发生了冲突。我们虽然乐于见到自己所做的某些事情能推进更大的事业，但还是不喜欢做这些事；我们虽然担心会宠坏自己的孩子，但还是乐于哄他们开心；我们为离别而难过，却也为离别会带来更深远的影响而高兴。

很多情感受制于没有理据的判断或是只在单一视角中合理的判断。我们可能因为认定某人受了冤枉而感到愤怒，但仅凭一方的证据不一定能支持这个判断；再者，在怎样算是被冤枉这个问题上，从不同的角度出发会得到不同的观点。在理查德·罗蒂看来，宏大视角下不会出现正当化的问题（因为正当化只有在某一个狭小视角下才有意义）；因此，从狭小视角来看，某些行动和情感是正当的，而从宏大视角来看，这种正当化没有意义。而他的反讽立场的双重意识就在之中了。所以，罗蒂的宏大视角自然就仅仅有智识的参与，而作为对立因素的情感是缺位的。但是，在我所提倡的宏大视角下，某一行动必须借由将更大的时空范围纳入考量而得到正当化——这个时空范围远大于此时此地的各种考虑。这并不会消除正当化以及依赖于正当化的情感，但在由此衍生的情境下，一些事物从狭小视角来考虑是正当的，而另一些事物从宏大视角来考虑是不正当的；相应的一些情感在狭小视角下是合适的，从宏大视角来看是不合适的。从狭小视角来看，对一个抢劫犯感到愤怒是很正常的，但从宏大视角来看，或许可以同情他（反之亦然）；从狭小视角来看，为一个恶作剧而发笑是正当的，但从宏大视角来看，或许感到厌恶是正当的（反之亦然）。

再次强调，静力锻炼模型表明对立的情感常常在对比中相互强化。有了甜味的对比，苦味会显得更苦（反之亦然）；和悲伤同时呈现时，愉悦感会更显强烈（反之亦然）；有了厌恶的反衬，快乐会被放大（反之亦然）。一旦我们否定统一所有情感的必要性，拒绝克服双重意识状态，我们就有可能利用心理上互相对立的力量，让其相互强化而非彼此削弱。

结语

狭小视角和宏大视角的并存，是生活中常见的一种双重意识。只要我们必须和自己周围的环境交互，同时必须意识到在周围环境之外还有一个更大的世界，那么，同时持有两种视角就是作为人类不可避免的一部分。要克服或避免两种视角之间的冲突，可以采取多种方法，例如将其中一方纳入另一方，或者在某一时间只采取其中一种视角。对于这些方法，我已经提出反对并做了论证。而要与这种冲突共存，也有一些常见的方法，我同样对这些方法提出了反对。尤其是反讽，在应对宏大视角和狭小视角之间的对立上，反讽已经变成了一种流行的方式。不同的哲学家推崇不同形式的反讽，托马斯·内格尔和理查德·罗蒂就是其中的两位,但我认为他们各自提倡的反讽会极大地削弱人的积极性。因此,我探索了其他可能的选择——首先是审视了不同形式的笑声,其次是审视了另一种宏大视角。与内格尔和罗蒂所说的宏大视角相比,我所提倡的宏大视角与情感之间有着更为紧密的联系。和之前的几章一样,杂耍模型、静力锻炼模型和扰乱者模型都说明我们不一定要对抗日常生活中的双重意识。关于接纳双重意识,这些模型也指出了一些很有价值的方法。

第四章 视角大与小

第五章
假想的生活

> 治学须缓，仿若生而无涯；生活宜紧，仿若明日即亡。
>
> 玛丽亚·米歇尔（Maria Mitchell）[1]

这句格言据说来自玛丽亚·米歇尔，虽然只有短短一行，实际上理解起来并不简单，而要依其行事，那就更加困难了。考虑到我们不可能"生而无涯"，而且（十有八九）也不会明天就死去，米歇尔所提倡的是我们从虚假的设想出发——在治学时采用一个设想，在其他时候采用另一个（相矛盾的）设想。不过，似乎可以断定，她并不是在敦促我们去相信这两个设想，哪怕只是暂时的；这两个假想不是用来欺骗自己的，只是提供生活方式上的引导。

幻想在日常生活中的作用

要理解米歇尔这句话的奥妙,我们可以将其化繁为简,解读为以下观点:在治学时,我们应当忽略自己终将死去这一事实,而在其他时候,我们应当忽略自己可能还能活很多年这一事实。在这两种情况下,一个人能活多久是一个很平常的事实,但我们应当将这个事实抛诸脑后。

然而,这种解读存在一个问题。米歇尔所提倡的是一种假象,而不是有意的忽略。也就是说,她所提倡的心理状态带有假设的性质,而上述解读没有抓住这一点。那么,她提倡的是哪种假象,这种假象又为何对我们的生活方式(不仅仅是我们玩耍的方式)很重要?这便是本章的主题。

一个人可以拒绝去"看"(或者故意"看"向另一边)以避免知道某个事实,也可以想象某个完全相反的事实是真的,从而假装这个相反的事实是自己应当采信的。这两种做法的区别在于,前者产生盲区,后者形成幻象。假设我的孩子对我很生气,我可以将自己的注意力聚焦在周围环境的其他事物上,从而忽略这件事;也可以想象他其实很冷静、很爱我(而不是对我感到恼火、疏远我),并没有生我的气,并依据这种想象来采取行动。两种策略都有其好处,即让家长和孩子都不再计较这件事,但其背后的心理活动完全不同。通常来说,如果选择避开,就要花一部分心力来将某个信念排除在意识之外;而如果选择假装,就要花费心力去想象一种与自己相信的东西完全相反的情况。[2]

对于米歇尔的话,我的解读是,治学时好像生而无涯,是建议我们在治学时想象自己是永生的——不是简单地忽略必然到来的死亡,更是要积极地想象我们有一个无限延伸的未来。这种想象可能非常细节化,非常逼真,但要让这种想象对我们的思维和行动方式有所影响,它就不能完全是"空洞"的想象。仅仅想到永生的概念还不够;我们必须想象永生在体验层面的实现,至少想出实现永生所带来的一些体验。[3]要想象自己永生不死,我必须能在一定程度上准确地想象以下的体验:我有充足的时间去探索多达几百种不同的选择,总是能改变主意、重头再来,能观察到某个当下事件对于未来的影响,永远不需要为了完成某个任务而匆匆忙忙,诸如此类。

米歇尔并不是建议我们在治学的同时沉浸在永生的幻想里(否则这种幻想就不过是让人分心的白日梦),而是让我们用永生的幻想来引导我们的治学活动,让我们在治学时更为专注。尽管我们一直知道自己实际上寿命有限,但在进行治学活动时,应该引入永生的视角。如果一个学生在学习上的进度较慢,或者发现自己不理解的东西还有很多,永生的幻想可能会让她对此少一些焦虑。例如，在学习数学时，永生的幻想会使人产生一种时间无限的感觉，从而让他更有耐心地探索某个定理的推论。在学习政治学时，永生的幻想能使人更留意某个事件或政策的长远影响——可能100年后才会有的变化。

类似地，如果要遵循米歇尔的建议，在对待治学以外的生活中，就要像自己明天就会死去。我们就必须积极地想象自己明天就会死，并将这种想象与当下的关注点关联起来。我们不能只是在嘴上说"是啊，说不定我明天就死了"，还必须进一步想象明天就死的影响。例如我们的各种努力就此终结，家人因我们的死而受到冲击，某些忧虑就此消除，等等。更重要的是，想象出来的可能情况必须和当下的活动发生关联，也就是让死亡即将到来的设想改变我们看待当前的生活的视角——突出某些追求的次要性、某些反应的不妥当、某些任务的紧迫性等。可以想见，米歇尔的建议所希望达到的效果是，我们能更加深刻地理解生活，并在生活中更好地分清主次。

创造一种幻想，同时又很清楚真相，就像孩子假装棍子是小马，或假装玩偶生病一样。孩子在那样做的时候，是在维持双重视角来看待某个对象或情境——想象棍子是小马，同时也知道棍子不是小马。孩子对其所处情境的幻想改变了他和周围环境的互动，使得其中一些互动由幻想所主导，而另一些由他相信的真相所主导。孩子在幻想自己骑着小马时，即便看到棍子没法像真马那样弯腿，他也不会觉得有什么不对。同样，那个学生在学习数学时假装自己永生不死，在生活中假装自己明天就会死，而他虽然幻想自己明天就会死，但不会真的这么告诉朋友们。在遵循幻想的行动与遵循信念的行动之间，很少有清晰的界限；但是，那个学生是否应该出于永生幻想而（在学习时）忽略生理需求？把棍子当成小马的孩子该不该给棍子喂水？的确，这种互动性的假想行为常常引发内心冲突——将棍子当作小马还是棍子，将玩偶当作病人来照顾还是将它仅仅当作一团塑料。和第一章的例子不同，这不是信念体系之间的冲突，因为产生幻想的人完全清楚这是幻想；实际上，这里的冲突来源于引导行动的视角不同。

不过，在玩假想游戏时沉浸在幻想中的行为，难道不是有别于在学习、交友或外出散步这些真实的生活追求中依靠幻想的行为吗？在玩耍时给棍子喂水倒是无关紧要，但是为什么我们会希望幻想参与到学习的过程或者生活的决定中？在假想游戏中可以把棍子当成马，但在现实生活中，为什么要把棍子当作棍子以外的东西呢？

在回答这些问题之前，我想先引入几个例子，说明我称之为"假想"生活的双重意识现象。

将医院当作森林：杰克（Jack）清醒地躺在医院里，因疼痛、忧虑和病房里的各种声音而无法入睡。为了缓解内心的烦躁，他开始幻想病房里的噪声是森林里的声音——落叶声、鸟鸣声、树干的吱呀声、松林风声……他端详着静脉输液架，将其当作藤蔓缠绕的小树苗。他留神观察护士们，把他们当作珍禽异兽。至于他的疼痛，则是来自森林对他身体机能的挑战——被断枝戳痛、被荨麻刺痛、长途步行之后的酸痛等，并基于这种幻想来应对痛觉。他并不是要逃入一个与现实环境隔绝的幻想世界中，而是试图将现实环境的事物当作别的东西，并据此做出反应。

将游泳当作祈祷：无神论者奥莉（Olivia）经常在冰冷的海水里游泳。每次入水，她都想象自己走入一座石砌修道院的正厅。当她伸出双臂时，她都想象自己在躬身祈祷。她专注于自己的呼吸，就好像一呼一吸都是向神祷告。她感到水在身边流动，就好像圣灵以其能量将她裹住。当她离开水时，她会碰一碰水，就好像是仪式结束时的致谢；要是她开始发抖，她会将身体的颤抖当作驱魔成功的标志。[4]

将车当作动物：希德（Heeder）给自己的车取名"条纹"，并且和它说话，就好像它是一只动物，可能甚至把它当作人。"条纹，我们今天去哪儿？""在太阳底下干等是不是很难受？""没事，我去去就回。"如果条纹被剐蹭了，希德会想象车子是一只能感受到疼痛的动物，并会安抚似的拍拍它的车门。不过他不会真的去查看它有没有流血，也不会考虑给它进行局部麻醉会不会好些。如果他不是和条纹独处，而是和其他人在一起，他会把这些话埋在心里，或者压低声音说出来。

以上的例子都比较常见，也没有特别难以理解的地方。像这样的幻想者完全清楚自己的想象都是虚假的；他们没有受骗。他们也不是要骗自己去相信这些虚假的东西，即他们不是要用自己明知道虚假的念头去代替他们目前的信念。[5]那么他们是在做什么？

就像孩子的假想游戏一样，这些幻想会带来乐趣，并提供一个令人愉快的避风港，让人得以暂离日常生活的种种要求。不过，这些幻想还有另一个目的：帮助我们合理应对现实生活的情境。和米歇尔那句格言的情境一样，前面的几个例子里，人们转向幻想是为了改善自己对于实际情形的应对方式。在杰克的例子中，他所希望的应对方式是内心多一点平静，少一点对于是非好坏的评判。在奥莉的例子中，她所希望的应对方式是更好地集中注意力，更投入地进行她的活动。在希德的例子中，他所希望的应对方式是更放松地面对他的车，并感到与车子形成更紧密的联系。纯粹的假想游戏是将现实对象（棍子、玩偶）当作幻想对象的道具或替身（马、真人），而"假想"生活是将幻想对象（树木、修道院、动物）当作现实对象（静脉输液架、海洋、车子）的道具或替身。幻想者不是在用现实来协助自己与幻想世界的互动，而是以幻想来改善自己与现实世界的互动。

这种改善不只是在实践上——不只是让一个人从他正在做的事情中获得更多的快乐，也不只是提高他的效率。如果将虚假的图像或故事加在事物的真实情况之上能揭示无法以其他途径获知的真相，那么，"假想"式的幻想还能增加我们的知识。要了解这个过程，我们可以看看比喻性的语言和思想。

比喻是对一个概念的非字面意义的应用。例如，将国内政局比作泥沼，但政局不可能是一个字面意义的泥沼；将鹰的概念用在一个总统候选人身上，将其称为"鹰派"，而此人不可能真的是一只猛禽；将火的概念用在某种欲望上，而欲望不可能是字面意义的火焰；诸如此类。以这种方式来应用概念，很多时候是为了让人们注意到某一事物的真实属性——例如美国政府深陷腐败，某个国会议员积极支持武力干涉，某种感情无比炽热。有很多相互冲突的理论探讨了比喻具体是如何发生作用的，不过有一点是公认的，那就是比喻通过暗示来重新组织注意力，从而能给我们带来新的见解。

通过将一个图像与一个人或情境的某一面联系起来（例如，"她的脑子像海绵"❶、"这次会议就是雷区"），比喻能让人更好地记住相应的特点。更重要的是，我们有时无法看到一个情境的某些方面，但好的比喻可以暴露相应的情况。将一群青少年比作"茶杯"，可以让人看到他们的脆弱和自命不凡；将一朵水仙花形容为"打发的黄油"，可以让人注意到之前被忽略的花瓣的质地；等等。我们依靠这种假象来揭示真相。

与此相似，我们原本可能忽略（或轻视）某一情境中的一些情况，但在"假想"生活中，幻想能够让我们关注到这些情况。例如，将病房当作森林，能让人注意到病房内的各种声音有着不同的音高，而在游泳时将水体当作修道院，能让人注意到水下的寂静。虽然如此，在前文所述的例子中，获得新的见解并不是幻想的中心目的；这些"假想"生活主要不是为了揭示这个世界的真相，而是让人以相互冲突的视角来看待周围的环境——一个视角为现实服务，另一个视角为幻想服务。人们说星星"流过"天空，实际上是在说，它们在一起不断地朝同一个方向移动，而说它们"笑得浑身战栗"，则让我们开始幻想它们是如何看待这个世界的。⁶

在整本书中，我一直在论述的是持续的双重意识。但是，

---

❶ 形容一个人能快速地吸收知识。——译者注

前述的"假想"生活似乎并不能长久。我们会猜测，杰克、奥莉和希德在短暂地发展他们的幻想之后，最终会回到基于现实的单一视角。不过，不难想象，他们在更长远的将来都会继续利用双重意识。如果杰克意识到，他的森林幻想不仅能让他抵挡病房内背景噪声引起的烦躁不安，而且即便他已经不在医院里了，幻想也仍然能帮他平复心绪，那么，他就会受到启发，习惯性地用幻想来"改造"周围的声音。如果奥莉认为将游泳的体验变成"灵魂上的"感受能丰富她的生活，并让他人更容易接纳她，那么，哪怕她不是在游泳，她也会使用在修道院里穿行的想象。至于希德，他不仅喜欢和自己的车子说话，可能也喜欢和他接触到的很多其他东西说话，例如他的衣服、食物、牙刷、枕头。一个人短暂地沉浸在某一幻想中的原因也可能导致他长期地沉浸在同一幻想中。

有人可能会担心，如果一个人长期地对多个情境使用这类幻想，他可能会将"假想"生活变成妄想生活。这种担忧不无道理，不过我们可以拆解一下。一方面，如果一个人能够同时维持基于感知的视角和基于幻想的视角，并且知道幻想只是幻想，那么，这种情况其幻想不应当被归为妄想。另一方面，只要一个人的幻想能给他的思想和情感以引导（这也正是幻想的价值所在），就难免有人质疑这种幻想是否已经变成了某种信念——由于幻想并非真实，他会由此质疑它是否变成了某种妄想。要判断一个人是否真的具有某种信念，我们必须借助几个标准——承认或否认这个信念的语言表达，遵循或违背这个信念的行动，能或不能以这个信念来解释自己的情感。[7]我无意讨论信念之为"信念"的边界何在；我感兴趣的情况是，一个人明知某些想法是幻想（例如永生、身在修道院、车子是动物），却仍会受益于这种幻想的引导。[8]

与物理学和数学的对比

物理学家有时会强调，他们目前的理论不可避免地存在错误，因为这些理论自身有明显的矛盾之处，或者这些理论和前人的理论一样，将来必然会被极为不同的理论取而代之。但是，他们的计算和行动，实际上还有他们的想象，都是基于他们当前的理论；这些理论有可能存在错误，却是有用的——有助于他们与世界互动，或许也有助于他们在将来得出更加正确的理论。有些人更愿意说，这些物理学家的理论作为工具而言是真实的，但除非"真实"能简单地等同于"有用"（在这种情况下，应该不附加任何限定，直接说这些理论就是真实的）[9]，否则，将这些理论称作有用的虚假之物才是更准确的表述。前面讨论的"假想"生活的例子也是有用的虚假之物,但和物理学家不同,我们虽然对现实心知肚明(例如知道自己终有一死,知道自己是在水里,知道车子没有生命),却仍使用这些幻想。[10]

同样,如果人们是因为(他们认为)没有获知真相的途径才相信某些令他们感到安心或高兴的东西,他们就并非处于双重意识的状态。我们来看以下针对新时代疗愈❶(New Age healing)的评论:

> 我知道一块打磨过的红石头治不好我的尾椎骨,也没法让我母亲再回到我身边。它可能一点用处都没有。不过说实话,我们很难说自己真的了解什么。所以,为什么不试着接受愿望成真的可能性?

这位作家选择相信水晶的力量,因为(她声称)没有其他途径知道事实究竟如何。(此处有一个矛盾:她一方面断言我们无法了解事实,另一方面又坚称她知道那块石头无法治好她的尾椎骨,也无法让她母亲再回到她身边。不过,善于共情的读者可以这样解读她的话:她了解科学上的道理,

---

❶ 也称替代疗法(alternative medicine),即以西医的常规手段以外的方法进行治疗。这种疗法强调对人的身心疗愈,有时也具有神秘主义的性质。下文中提到的使用水晶来治疗,是这种疗法的一种常用手段。——译者注

但鉴于科学的不确定性,她选择基于占星术来建立自己的信念。)从她的表述来看,她没有处于双重意识的状态,而是放下了原先认为真实的信念,代之以一个对缓解疼痛和舒缓情绪最有用的信念。

关于"假想"生活的双重意识现象,数学提供了一个更加贴切的类比。在数学上,尽管数字本身不占空间,我们却可以用空间的方式(例如坐标图或几何图形)来有效地呈现不同数列之间的关系。例如,我们可以用一条缓慢上升的直线代表数列1,2,3,4……,用一条越来越陡的曲线代表这个数列各项的平方所得的新数列,即1,4,9,16……;我们还可以用一个长方形来形象地表示8乘以14的结果。在进行投资潜力之类的计算时,我们尽管明白资金的多少并非空间的大小,却经常将图像和图形当作思维上的引导。"假想"生活的例子可以类比于在数学上使用坐标图和图形来表现数字,因为在两种情况下,即便能够使用更加不那么有误导性的表现方式(这和物理学理论不一样)——例如,我们在处理非空间问题时可以不用几何图形,而是用代数运算,我们也还是选择接受有误导性的图像的引导。[11]

不过,在游泳时以宗教来代替非宗教的联系,或是在开车时把无生命的东西看作有生命的东西,与在数学上以空间形式来表现非空间关系有一些重大区别。第一,在数学上,非空间的事实转换为空间的图像时,这种转换受到一定规则的制约,而且相当精确。一个非空间事实必须对应一个空间的图像,一个数值的增减必须对应一个图像的面积的增减,等等。[12]正因如此,我们可以依靠几何图形来帮助我们更好地进行代数运算;几何图形让我们能更快地看出更多的关系,而这(通常)能提高我们的计算速度,并让我们更容易察觉不一致的地方。[13]然而,当我们将游泳幻想为参观修道院,或者将车子当作宠物时,关于现实中有哪些东西在幻想中得到了体现,哪些又没有出现在幻想中(波浪?海平线?方向盘?车子的颜色?),我们有许多不严谨的地方。此外,关于用什么幻想来表现什么现实,我们也有着莫大的自由(海平线应该是修道院外的城市,还是修道院的墙?车子的方向盘应该是这个动物的脑干还是宠物牵引绳?)。这个差异意味着,我们虽然可以用几何图形辅助代数运算,却不能通过将车子想象成动物来了解车子的运行原理。

第二,与我们的主题更相关的是,如果"假想"生活将想象作为扭曲现实的一种方式,由此而来的幻想就是为了让我们远离当前情境的真实面貌,那么,这种幻想注定具有误导性。在这个意义上,在"假想"生活中使用幻想不同于在数学上使用图形。虽然"假想"生活带来的幻想(像比喻一样)可以用来强调某些真相,但这并不是它的首要功能;虽然这些幻想（像白日梦一样）可以具备一定的娱乐价值，但这并不是它的首要价值。"假想"生活是在这个世界中行动的一种方式；相关的想象不仅会影响我们的思想和情感，也会影响我们的行动。因此，支持"假想"生活的想象的价值，也包括在假装世界另有面目的前提下采取行动的价值。

前面已经讲过，假想自己永生不死可以让我们更加耐心地学习，假想自己在一个修道院里可以让我们放慢节奏、保持专注，假想车子是宠物可以让我们更注意保护它。当然，我们可以不让误导性的幻想介入，而以更直接的方式来实现以上的效果。但是，要改变一个人的行为，使用幻想是一种效率更高、效果更好的方式。比起以某种方式不断提醒自己要做某事，坚持一个引人入胜的幻想常常要更容易（比起一遍遍告诉自己要慢下来、保持专注，想象自己身在修道院要更容易做到），而且效果更好（比起"爱护你的车"这种命令，动物的形象更容易激起保护欲）。也就是说，将这个世界假想为与现实有别的另一副面貌，可以让行为更加符合现实世界的要求。

在本章的剩余部分，我想再探讨一些"假想"生活的例子。这些例子比前面的例子更常见、更重要，而且已经在哲学上引发了巨大的争议和混乱。这些例子包括：对于身份的表演，假想人具有自由意志，假想价值观具有客观性，以及假想人是统一的整体。这些复杂的假想策略来自复杂的情境，我很难面面俱到。但我仍然希望说明，本章第一部分所述的区别和思考有助于澄清这些类型的"假想"生活的性质和价值（或反面价值）。

对于身份的表演

对于一个人的性别等诸多身份，一个常见的看法是，身份不是他固有的东西，更不是他的本质，而是他表演出来的特征。[14]通过朱迪斯·巴特勒（Judith Butler）的著作，特别是在《性别麻烦：女性主义与身份的颠覆》（*Gender Trouble: Feminism and the Subversion of Identity*）一书出版后，"性别是一种表演"的观念变得流行起来。她在《性别麻烦：女性主义与身份的颠覆》中提出的观点是，人们获得性别身份的方式，是重复那些定义他们在社会空间中的位置的行为。巴特勒接着介绍了戏仿（parody）。戏仿在变装表演等行为中有明显的体现。她认为，戏仿是颠覆性别身份的权力、从性别行为的桎梏中挣脱出来、冲击社会空间限制的一种方式。如果我们意识到表演是表演，我们会同时拥有两种对抗的视角——在其中一个视角下，我们具有某种身份，而在另一个视角下，我们与这种身份脱离关系。我们可以既把自己当作女性，同时也拒绝女性的身份。

对于这种立场，有一种简单的回应：我们的身份和行动是不可分割的；我们的所作所为决定了我们是谁。因此，随着时间的推移，表演和拥有某一身份之间将不再有任何区别。这个观点排除了这样一种可能性：内心的想法和外在的表现的差异可以是一直存在的（如果一个人长期违心地行动，他的性格的确有可能向与行动相一致的方向改变，但有时面具也只是面具）。此外，这个观点忽略了思考型和非思考型视角之间的差异（一个人下意识的做法不一定和他经过思考之后得到的信念相符）。在这两个意义上，这个观点都太过简单化了。将性别视作一种表演的人，就像一个装模作样的女服务员：她既在履行服务员的职责，同时又意识到自己的表现只是一个面具，而她也知道戴上这个面具只是为了工作。这也像一个团队中的"积极分子"：在积极参与的同时，他也会在偶尔的思考中发觉自己对整个团队其实没有什么认同感。在第一种情况下，这仅仅是一种违心的行动，不会体验到不同视角的碰撞。而在第二种情况下，大多时候会通过放弃思考自己的行为来避免产生冲突感。

然而，我认为，巴特勒所提倡的不是这两种立场，而是一种真正的双重意识状态。在这种状态下，我们确实以冲突的视角来看待自己的情境（这和那位装模作样的女服务员不同），而且会一直意识到视角的冲突（这和那位放弃思考的团队成员不同）。[15]在这种状态下，一个人既拥有其表演出来的性别，同时也与这种性别保持疏离——他既完全习惯于某个性别身份（和那位女服务员不同），又时刻将这种性别身份视为一种幻想（和那位团队成员不同）。巴特勒以变装女王的例子来说明这种双重立场。变装女王既肯定自己的女性身份，又宣扬这一身份的人为性；他通过夸张地模仿女性特征来成为女性。[关于同时拥有和疏离某一身份的影响，还有不少探讨的空间。我个人的观点是，自我拥有（self-ownership）取决于信念、情感和行动的统合；因此，同时拥有和疏离某一身份，需要在努力统合的同时抵抗统合。]

巴特勒的观点不只涉及对于表演的意识，还涉及同时作为男性和女性的体验。这些都说明性别和性别身份会导致某种双重意识状态。在这方面，我尊重巴特勒的观点，但我希望将被构建的身份与我所说的"假想"生活区别开来。或许幻想会给身份构建带来启发，但正如"构建"一词所示，被构建的身份将幻想转变成了现实。如果一个人幻想有一个本质的、预先存在的身份，这个幻想或许可以掩盖身份是构建的产物这一事实，但并不会削弱被构建的身份的真实性。[16]与此相比，"假想"身份虽然使用幻想来引导一个人的思考和行为，却不会将这些幻想转换为现实，甚至不会假定一个人会进行这样的转换。如果我想象自己是男性,这有可能促使我变成男性,但如果我想象自己是一只鸟,我不可能因此变成鸟。我可以构建一个男性的身份,但只能"假想"自己是一只鸟。

这样一来,表演一个身份会带来以下两种结果之一。其一,表演一个身份可以意味着接受某一种方式来概念化自身的诸多方面,同时完全清楚这种概念化所反映的不是自己的内在本质,而是一种在社会生活中组织和引导他人注意力的有效方式。其二,"表演"一个身份可以意味着"假想"自己是某个样子,同时又知道自己不是那个样子。被构建的身份的优缺点往往是社会层面的,而且较为不可控。例如,将某些武装人员当作恐怖分子会让一些人获得权力,让另一些人失去权力,但这很少是个人能够掌控的。而永生的幻想更多的是个人的选择,因此更容易被个人所控制,部分原因是这种假想与社会期待和规约相对立。

假想人具有自由意志

大多数人认为,大多数成年人至少有一定程度的自由意志,因此至少在一定程度上有责任来表现出友好待人而非面目狰狞,表现出遵守法律而非违法犯罪,表现出坚持工作而非玩忽职守,诸如此类。然而,也有不少人认定,我们都是偶然性和环境相作用的产物,因此,所谓自由意志不过是一个有用的幻象。[17]因此,他们一直假定人具有自由意志,但同时又认为自由意志实际上并不存在。这是"假想"生活的一个显著例子。那么,为什么要保留这个幻象,我们又有什么别的选择?

有一类人支持保留自由意志的幻象。首先,他们声称,我们只有假定一个人有自由意志,才能让他为自己的所作所为负责。如果一个人的心理状态是由其生物属性及其所处的环境决定的,那么他就无须为其思想、情感和行为负责。要么是其生物属性或环境负起相应的责任,要么就不存在所谓的责任,因为一切本该如此。然而,社会需要人们为自己的思想和行为负责:这鼓励我们通过惩罚来阻止不当行为,教育孩子自我监督,并让我们在面对恶势力时不会感到无助等。于是,他们进一步说,自由意志即使只是幻象,也应该被保留下来。而只要我们一直承认它是幻象,在自由意志的存在这一问题上,我们就最好维持双重意识状态。

除了假装我们具有自由意志,我们还可以仅仅是为了社会利益而惩罚不当行为、培养自我监督观念以及抑制遇到坏人时的无助感。但这样一来,我们就缩小了责任的含义:"负责任"不再意味着一个人基于自由意志选择去承担责任,而仅仅意味着他受到奖惩这件事对社会有益；或者，我们可能干脆抛弃"负责任"这个概念。对我们中的很多人而言，这样做的问题在于完全以功利性的角度来代替具有道德色彩的态度。自主或者说自我监督不再是其本身的目的，而至多只能算是创造理想社会的一种手段。褒奖或指责一个人的依据，不再是此人的行动正当与否，而是褒奖或指责本身给社会整体所带来的功利性影响。个体不再作为个体而受到尊重；取代这种尊重的，是对将一个人塑造成这个样子的环境的认可（或反对）。在彼此的眼中，我们将不再是道德主体（moral agent），而是为人类的延续做出或大或小的贡献的人。

那么，如果具有道德色彩（而非仅仅出于功利性目的）的态度必须有自由意志的假想的参与，自由意志的幻想又究竟是什么？本章讨论过永生的幻想、明天就会死去的幻想、置身于森林或修道院中的幻想、机械有生命的幻想。这些幻想大多都很容易描述，也很容易想象出相应的细节。实际上，正是因为我们能想象出一定的细节，幻想才能够有效地引导我们的思想和情感，我们才能继续假装幻想是真的。和这些幻想相比，自由意志的幻想相当难把握，不过也理当如此。自由意志并非可以被感知的对象，也不具有可以被感知的属性。定义自由意志的，是外部原因的缺位。即使有可能感知因果关系，也不可能感知因果关系的缺失。[18] 如果自由意志可以被想象出来，也只能以抽象、完全是认知上的方式去想象。但是，这种想象不能给我们带来有别于真实情境的体验（而不是观点）；它的"厚度"不足以引导"假想"生活。

尽管如此，我认为，我们有可能把自己想象为观察和改变现实世界却不受其影响的行为体（或许是幽灵）。这和想象一个具有同样能力的神一样容易——我们会在想象时遇到一些困难（神是如何感知这个世界却不受其影响的？神是怎么干预这个世界却不破坏其因果律的？），但不会比将车子想象成动物更棘手。实际上，只要我们具有自由意志，我们在很多方面和神非常接近。这样，无论好坏，"假想"我们具有自由意志，意味着宇宙的性质不再是被决定了的，而是我们可以像神一样自由干涉的东西。对于无神论者而言，这会是一种重要的"假想"生活；借助幻想，自由意志的假想为我们希望施予彼此的某种道德尊重（moral regard）提供了支撑。

假想价值观具有客观性

比起对自由意志存在与否的怀疑，对价值观客观与否的怀疑甚至更为常见。（和将自由意志诠释为与决定主义 ❶

---

❶ 上文提到，有一种观点认为人的行为是由生物条件或环境决定的。这就是一种决定主义的观点。——译者注

(determinism)相容的东西相比,如果在诠释价值观的客观性时,我们要论述价值观依赖人为判断,这会更加困难。)不过有一点值得探究:如果我们既假装(至少一部分)价值观是客观的,又相信价值观不是客观的,这会带来什么好处?[19]同样,我不打算在此讨论提倡这一立场的原因(一般的考虑是,如果我们相信某些价值观是客观的,这些价值观就会有更强的驱动力)。我所感兴趣的是,假装某些价值观具有客观性意味着什么?这又是否算得上一种重要的"假想"生活?

下面这个实例能更好地说明这些问题。假设我相信慷慨是善,而贪婪是恶,但不认为在客观上一个慷慨的人比他人优越,也不认为一个贪婪的人比他人卑劣(或者,就此而言,我不认为在客观上人的存在有什么优越之处)。我相信这些关于善恶的判断只是我个人好恶的反映或投射(或许也是很多的好恶的反映或投射)。[20]让我们同样假设这样一种情况:否认这些价值观的客观性总是让我对这个世界感到忧郁,使我疏远其他人,并且不那么渴望发展慷慨的品质、抵抗贪婪的诱惑。于是,我可能会承认这些价值观的客观性,哪怕我相信它们不过是主观好恶。更具体地说,我尽管知道不存在善这种固有属性,但可能会选择想象善是慷慨的人的固有属性(就像我想象红色是苹果的固有属性)。[21]同样,我可能会想象贪婪的人完全不具备这种固有属性，或者想象他们具有恶的固有属性。通过以这种方式进行想象，我能更好地以自信有力的行动来培养慷慨、克制贪婪，而且我会对自己的整体情况感到更满意。

有几种方法可以达到上述的效果而避开"假想"生活。首先，我可以成功地欺骗自己。通过沉浸在恰当的交际和阅读之中等方式，我可以欺骗自己去相信和我最初的信念相反的东西；我也可以在处理这些价值观时让自己头脑中更冷静的部分噤声。但这些做法最终得到的只能是一个被改变或隐藏的意识，而不是双重意识。其次，我可以假装慷慨之善和贪婪之恶都是客观属性。在言谈中，我可以假装善恶都是我能够直接感知到的属性（尽管实际上并非如此），而在行动上，我可以表现得比实际更自信。但是，除非这些假象能渗入我对慷慨和贪婪的实际体验，否则就不过是摆出一种姿态，是面向他人的一种歪曲，而不是"假想"生活。

要构成双重意识，我们需要只在我们认同的范围内将慷慨看作善，同时又将慷慨之善看作一种简单的固有属性。这种组合看起来比将医院当作森林、将游泳当作拜访修道院这样的幻想要难得多。在医院与森林的例子里，医院里的很多不同事物可以被"转化"为森林中的不同事物。但是，社会认同的性质极其复杂，而要将其看作"红色"这样的简单性质，就必须忽略这种复杂性，也就是要"看向另一边"。由此导致的心理状态更接近妄想而非双重意识。再者，在医院与森林的例子中，病人的想象将幻想的事物（鸟儿、森林、风）置于与相应的现实事物（人声、椅子、机器的嗡嗡声）相同的位置。我认为，要成功地进行幻想，这种位置的一致性很重要。然而，想象慷慨的人具有善这一简单的属性，实际上是既将这一属性放在某处，却又相信这一属性在另一处❶。我们或许能既相信善恶是主观的判断，又维持善的客观性这一幻想，却很难明白将这一幻想加诸真实世界如何能引导我们与真实世界的互动。

假想人是统一的整体

"假想"生活的最后一个备选项，也是与本书的主题"双重意识"相呼应的选择，是将人当作统一的主体，同时也相信人是矛盾的。在很多情况下，而且在大多数时间里，人的确是统一的。但第一章反对统一意识的必要性，本书的内容基调也在确定如何缺失统一性还能使人受益。不过，我们仍然可以选择将他人当作比实际情况中更加统一的整体。托马

---

❶ 即既在主观判断的范畴内，又在客观存在的范畴内。——译者注

斯·内格尔以简要的论证反对意识的统一（其基础是与切除胼胝体的病人相关的研究），但他也强调意识统一的概念对我们的共情能力非常重要。如果他人不具有统一的意识，我也就同样不具有统一的意识，这样的话，"我"（哪个我？）就不可能将自身想象为"你"（哪个你？）。那么，只要共情能力是道德的核心，统一意识的幻象就非常有用。[22]

如内格尔所述，"这个幻象的形成，在于将主体向内投射到头脑中心，而我们一直试图解释的正是这个主体的统一性：一个人的方方面面统一于这个人身上"。我虽然质疑共情是否依赖于这种投射，却同意内格尔关于这种幻象的分析。我还认为，假定人具有这样一个中心（同时相信这个中心实际上不存在）的状态构成了一种重要的"假想"生活。我们经常想象在人们头脑中（在一些文化中则是人的胸口）有一个作为焦点的自我，而且虽然明知这个想法并不是事实，却还是受其引导。将自我（或灵魂）想象为这样的一个中心，赋予了他人（以及我们自己）一个统一的性质，这种统一性又与一个人在行为上明显的矛盾性相冲突。只要能提供一个简单的（幻想的）对象以方便我们表达尊重，那么这么做就是有利的，因为如果一个人的各个方面都乱成一团、相互矛盾，我们就很难对他的每个方面都表示尊重。相似地，想象在矛盾的精神世界中有一个自我（或灵魂）作为统一的中心也是有好处的，因为这让我们更容易将人视为极其稳定的个体；即便这个中心周围的东西变化了，这个中心也是不变的。以这种方式来看待他人，可以让我们对他人接下来的行为、想法和情感少一些担心，并可能帮助我们建立对他人及自己的信心（哪怕这种信心缺乏证据）。[23]

这样说来，我们完全有可能将人当作统一的个体（同时又相信他们具有矛盾的一面）。但这不一定是很好的选择，毕竟在一些情况下，给予尊重不如有所保留，假设他人具有稳定性不如做出准确的预测。再者，虽然心理上的统一往往能增进稳定性，但在一些情况下（本书中也有一些例子），意识会集中于两个差异极大的中心，结果更不稳定了。实际上，维持双重视角的能力可能是稳定性更强的标志。最后，大体而言，如果一个人能够横跨两种不同的文化（见第一章），能够既活在当下，又在头脑中保留一个过去的视角（见第二章），能够既与他人共情，又将自己的身份与他人的分开（见第三章），能够同时站在相对狭小的视角和相对宏大的视角（见第四章），我们会因他的这些能力而对他更加尊重。因此，虽然我们经常因为上述缘由而将他人看得比实际上更加统一，但面对他人具有以上双重意识的现象时，我们却不会因为同样的缘由而将他们看作统一体。

结论

至此,本书已经描述了几种内心冲突。我们不但不应该消除这些冲突,反而有充分的理由保留它们,甚至享受冲突状态。

几乎所有人都会体验到本书的5个章节中探讨的5种内心冲突。对于一些人而言,其中的一些冲突会更剧烈或更难以应对,不过每个人或多或少都会有类似的体验。

第一,认为自己属于两种或两种以上不同的文化是常见现象。这些文化包括不同的民族文化、宗教文化、职场文化、代际文化等。拥护这些不同的文化的确有时会让我们感受到内心的拉扯。这种类型的内心冲突经常被称为"双重意识",但双重意识并不只有这一种。

第二,第二种双重意识随着我们年龄的增长而出现。随着时间的流逝,我们大多数人会发生观念上的重大转变——我们认为有趣或有价值的事物、了解他人的方式,甚至是能感知到的东西,都会发生改变。当我们清晰而具体地回忆起过去的某个观念,这种回忆会让我们同时以过去和现在的"眼睛"来看待世界,这会导致我们心中过去和现在的两个自我之间发生冲突。此时,我们就体验到了另一种双重意识。

第三,有时我们会想象从他人的视角来看待事物,并且会内化他人的视角。例如，当我们做自己的事时，脑海中会闪过他们的批评，而他们的想法会让我们很难专注于自己的想法。这时，我们自己与他人之间的冲突也会变成一种内心冲突。

第四，我们能够从对局部的关注中抽身而出，以更宏大的视角来思考我们自己的行动在大局中的意义。然而，我们时常觉得，自己的行动在整个大局中无关紧要。对于我们的行动和激情，从较狭小的视角来看，我们会感觉它们都紧迫而重要，但从较宏大的视角来看，这些只是个人琐事。两种视角的观点对我们来说同等重要，所以我们会自相矛盾。

第五，我们大多数人即使知道幻想只是幻想，但还是会用各种各样的幻想指导我们的生活，如关于仁爱精神的幻想、关于自由意志的幻想。这同样会引发一种常见的双重意识：我们持续地以相互矛盾的心理框架来体验世界。

我们不应该消除这些内心冲突。显而易见，我们不应该简单粗暴地消除我们文化身份中重要的一部分，不应该抹去我们过去中重要的一部分，不应该拒绝与他人共情，回避长远的思考，或是放弃幻想的益处。这些冲突中的每一方都揭示了不同的真相，并丰富了我们的生活。因此，虽然我们有可能消除对立视角中的一方，但这样做会让我们的生活变得贫乏。此外，我们也不应该通过寻求折中来消除这些冲突。一位哲学家兼诗人不应为了避免内心冲突而选择模棱两可的身份；我们不应因为与过去的自我有关的记忆而倒退至童年和现在之间的某个自我。同理，我们也不应总是只与他人共情一点点，不应选择狭小视角和宏大视角的折中观念，也不应将幻想和现实混在一起，制造一个半真半假的替代品。此外，有人认为，为消除这些内心冲突，我们可以用涵盖更广的第三个视角来代替对立的两个视角。对此我们应该保持怀疑。这种视角往往过于抽象，通过忽略细节来消除冲突。对于一位哲学家兼诗人来说，要克服这两种身份之间的冲突，当一个"先知"似乎是个好办法，但这并不能解决任何实际问题。同样，无论是追求"不受时间影响"的自我，还是给予更宏观的"关心"，或是以更"有创意"的方式理解现实，这些似乎都是统一自我的途径，但实际上几乎只是空洞的承诺。如果我们诚实地面对自己，我们会发现自己陷入了几种基本的双重意识中。

接受内心冲突并不仅仅是容忍冲突。"自相矛盾"虽然会让我们感到不安，却也可以是值得我们珍惜的东西，可以让我们的生活更深刻。接受双重意识的模型有几个。第一个模型是杂耍模型，即以类似抛接杂耍的方式来兼顾多个视角。这一模型尤其适用于保留多个文化身份的情况。另一个模型是静力锻炼模型，即利用不同视角之间的对抗力量来使它们互相强化并共同增强整体的稳定性。这一模型在同时维持宏大视角和狭小视角时尤为有用。第三个模型是扰乱者模型。这一模型对于过去与现在导致的一些内心冲突更加重要,能使我们避免因遗忘过去和现状而自满。"自相矛盾"不仅无可厚非,还会为我们完善自我做出重要贡献。

自相矛盾也无可厚非

补遗　自相矛盾不合时宜的情况

当我们同时以不止一个图式来整理我们的体验,我们就能同时对不止一种模式变得敏感:一个心理框架凸显我们的缺点,而另一个凸显我们的成就;一个经济理论关注不公平,而另一个关注创新;等等。当然,随之而来的双重意识状态并不总是长久的,也不总是有益的。本书已经论述了一些双重意识状态的好处,但并不是所有的双重意识都是有益的。要充分探讨有害的双重意识,足以再写一本书。不过,我希望在这里指出一些应该避免"自相矛盾"的情境。

最显而易见的是,如果内心冲突让人过于痛苦,就不应该保留双重意识。杂要模型、静力锻炼模型和扰乱者模型都给出了一些很好的方法,让我们可以与内心冲突共存,甚至因此而成长。但并不是所有人都总是能够利用这些模型,遵循这些模型的方法也不一定会减轻内心冲突带来的痛苦。在一个孩子的体验中,如果父母既是慈爱的抚育者,也是危险的施虐者,这个孩子就可能无法忍受同时维持两种视角所带来的痛苦。因此,只有放弃其中一个视角,他才能摆脱心理创伤。(多重人格障碍的病因之一是患者没有能力让无法调和的视角共存。要治愈多重人格障碍，有时需要患者放弃一个或几个人格。)如果每个视角都揭示了部分真相，那么，直接抛弃其中一个视角会使我们失去相应的洞见和某种形式的信息。不过，我们有时必须忽略某些形式的信息，才能应对艰难的处境。

很难确定一个人为了获得更全面的视角而应当忍受多少心理上的痛苦。一个士兵可能会发觉，同时把敌人视为脆弱的人类和训练有素的杀手是一件极其痛苦的事。尽管如此，保留这两个视角仍然很重要，而忍受随之而来的痛苦则是身为士兵的主要挑战之一。此外，一个人对心理痛苦的忍耐极限也因年龄、痛苦持续的时长以及所处情境而有所不同。年纪更大的人常常更能忍受心理痛苦，将其当作人生的常事。如果痛苦只持续很短的时间，人们会因为知道痛苦很快就会结束而觉得更容易忍受。和自己的选择所带来的痛苦相比，社会不公或他人的恶意所导致的痛苦总是更难以忍受。不过，对我们所有人来说，总会在那么一些情况下，减轻双重意识状态导致的痛苦比保留其带来的知识更加重要。

不应该保留双重意识的第二种情形是，双重意识让人陷入精神瘫痪，即人因为同时坚持两个冲突的观点而无法根据其中的任何一个来采取行动。布里丹之驴因为无法在两堆食物之间做出选择而饿死，而当我们面对相互冲突的目标、优势等时，我们一般不会像它那样，因为相互冲突的选项很少像那两堆食物那样具有同等的吸引力，而即使两个选项都同样可以接受，我们一般还是可以在不得不选的时候做出选择（哪怕只是随意的选择）。但是，我们有时候认为冲突的观点也有道理——即便不那么有说服力。这时，我们可能会无法抉择。虽然一个人知道手术的成功率较高，但如果他既觉得手术过程很危险，又知道手术能拯救生命，那么他仍然可能无法做出任何决定（哪怕不做出决定也相当于选择拒绝手术）。相似地，如果一个人既被一份获利极大的工作所吸引，又认为从事这份工作有违道德，哪怕他更重视道德方面的视角（根据情况的不同，他可能会接受或拒绝这份工作），他也可能因这种冲突而无法做出决定。因此，假如果断的抉择和高效的行动很重要，我们就不应该保持"自相矛盾"；尽管冲突的某一视角也有道理，但我们最好还是将它抛在脑后。

精神瘫痪的状态并不总是坏事，我们也不总是需要根据自己的偏好来行动。如果不同政客的观点对我们而言同样有说服力，或许我们应该投弃权票；即使其中一个观点让我们更信服，但如果另一个观点显然也成立，我们可能最好还是先别站队。相似地，假如一个朋友做出了错误的选择，为了最大限度地帮助他，我们应该支持还是干预他的不当选择？

我们如果对此感到矛盾，最好还是什么都不做。当然，什么都不做本身也可以说是一种做法；我们同样可能对相应的后果负有一定的责任。然而，我们对于后果的了解总是有限的。尽管一些哲学家有不同的观点，但与不作为的后果相比，我们大多数人都认为自己对于采取行动的后果应该负有更大的责任。因此，精神瘫痪状态并不一定说明我们不应该同时具有两种观念。

不应该"自相矛盾"的第三种情形，也是相对不明显的情形，即保留冲突的心理框架会使得两者都不能以应有的方式在进一步的体验中得到发展。如果我们认为冲突的双方互相敌视，每一方都为了保全自己而与对方争战，那么双重意识会让双方因为对立而更加僵化，否认己方的缺陷，并抗拒一切让步。结果，我们的内心会陷入某种瘫痪（就像政党相争会使得政府瘫痪那样），而这种瘫痪会导致认知和情感都无法发展。如果我们不能让对抗的心理框架放弃防御性的立场，那么，我们最好还是放弃其中一方，以使另一方更能对新的体验做出反应。然而，在很多情况下，双重意识中相互冲突的视角会帮助彼此对新的证据更快地做出反应。在持续地听一首歌曲时，同时运用G大调和E小调两个图式，或是调性和无调性两个图式，可以帮助我们注意到两个图式各自的异常之处，并由此让我们能够改进每个图式的应用。面对一个正在戒断的瘾君子，如果我们既觉得他无助，同时也认为他做出了负责的选择，那么当我们对他有新的观察时，两种观点都会得到发展，因为这种双重意识总是提醒着我们还有另一种方式可以用来整理获得的证据，也让我们对相应的图式做出适当的修改。（这也是本书所提倡的静力锻炼模型的一个特点。）

一些观念或概念图式在本质上极度脱离感官所提供的证据，以至于感知上的证据即使与它们相左，也已经无法改变它们。例如，认为万物都有意识，以及认为意识根本就是虚构的东西，这两个对立的观点就属于这种情况；我们无法找到能彻底推翻任何一方的证据。［万物有灵论者当然知道石头不会说话，而取消主义者❶（eliminativism）也已经知道看到红颜色会是什么体验。］如果一个人的双重意识依赖这种类型的图式，那么对立的两个观点都不可能因为他对世界有了新的认识而有所改变。它们不会失效，而是仍然可能为我们呈现这个世界的某些有趣之处。另外，除了帮助我们了解世界，我们用来整理体验的图式还有另一大作用：改善我们与世界互动的方式。例如，万物有灵的观念可以让我们更加尊重周围的环境，而意识并不真正存在的观念会迫使我

---

❶ 取消主义，也称取消唯物主义（eliminative materialism），其观点是人们常说的"心灵"或者"意识"实际上并不存在，也就是上文所说的"意识是虚构的东西"。——译者注

们在描述他人的心理时力求准确。因此,虽然有时因为某些观念无法借助新的证据来得到发展,我们应该放弃某些双重意识,甚至放弃某一观念,但是,这些双重意识还有其他的益处,因而也值得保留。

注 释

序 言

1 我在其他地方讨论过不同的潜意识状态及其力量和局限性（Church, "Reasons of which Reason Knows Not", "The Hidden Image"）。

第一章 与自我争辩

1 有观点认为，叶芝和布莱克一样，认为诗歌创造超验，从而能使物质世界的对比之间形成神秘的联合（Campbell）。但是，叶芝的很多诗作仅仅铺陈了对比，并没有在最后建立起联合。

2 对莎士比亚作品中类似主题的进一步讨论，参见 Greenblatt。

3 关于爱默生和艾略特对于"双重意识"这一概念的理解，详见 Rebekah Scott。

4 图式理论在鲁梅尔哈特（Rumelhart）的研究之后变得流行起来；也见于门德勒（Mandler）。如今，空间图式、人际图式、推理图式、情感图式等主题的文章已不鲜见。

5 福柯的著作（1980）阐释了他所称的"权力—知识"。这一著作影响深远，此后，仅将知识当作权力的观点变得非常流行。

6 派珀还有第三顶"帽子"（即第三个身份），那就是瑜伽爱好者。从这个视角来看，"艺术界和哲学界都太忙于追求转瞬即逝的、幻象般的东西,因而似乎从一开始就搞错了生活在这个星球上的基本要点"。

7 列维-斯特劳斯(Levi-Strauss)曾给出两种不同的小镇地图的例子。齐泽克在《视差之见》(*The Parallax View*)中讨论了这个例子,并进行了与本文类似的比较。

8 这种推崇争辩的推论经常被引用,为支持对抗制的法律制度提供依据:要在法庭上一一摆出所有相关的事实,最好让持相反观点的律师举出最强有力的案例来证明己方的观点,这样有利于法官或陪审团不带偏好地考量相关事实。当然,很多人已经批评过这种观点了,因为双方一旦走向对抗,他们的重点就是获胜,而不是澄清事实。如果双方律师为了获胜而以误导性的方式来展示证据,那么无论是陪审团还是法官都难免受到诱导。

9 用钱特(Chanter)的话来说:"贱斥既非客观,也非主观,它为那些被忽略、被排除在外的他者指定了一个领域,而他们在这个领域中受到贬斥。对于那些在主流话语中占据权威地位的人而言,这个领域的边界的(不)存在保证了他们的身份不受威胁。"

10 戴维斯(Davies)和伊根(Egan)的著作详尽阐述了这一观点。

11 这种虚伪的誓言通常以不该做某事开场,例如"首先不要行恶"。这类人还坚称:不要采取任何行动,除非你愿意为自己的行为负责。(试想这对于像国际援助这样的领域而言意味着什么。)

12 黑格尔(Hegel)对杜波依斯有着重大影响。黑格尔就解决冲突提供了一系列的第三种选择。在黑格尔的著作中,"Aufhebung"这个德语词有数个似乎相互矛盾的翻译,包括"升华"(uplifting)、"扬弃"(sublation)、"保存"(preservation)、"废止"(abolishing)和"超越"(transcending)。但从前面的分类来看,黑格尔所说的解决显然是替代的例子。

13 相关的分歧也发生在个人内心以及人与人之间,详见Mullin。

14 另有人描述了把相互冲突的音乐体裁结合起来后会从中诞生一种新

的音乐。详见Lam。

15 据弗洛伊德《超越唯乐原则》及《文明及其不满》所言，有些不可避免的冲突来自唯乐原则与唯实原则之间、生的本能和死的本能之间、本我与自我之间的紧张对峙。

16 安东尼·阿塔曼纽克（Anthony Atamanuik）将唐纳德·特朗普（Donald Trump）称作他的"荣格的影子人格"，是"我不希望世界看到的那一部分自我，但我又总是表现出想和这个阴影搞好关系，想理解它而不是拒绝它"（Itzkoff）。这也被称为人的"另一个自我"。安妮·塞克斯顿（Anne Sexton）的心理医生将她的另一个自我（ego）取名为"伊丽莎白"，并回忆"在与伊丽莎白有关的方面"，如何将"治疗的重点""放在帮助塞克斯顿辨认并容忍她希望剥离和表现出来的情感"。

17 关于这种冲突，伊迪斯·斯佩克特·珀森给出了详细的例子和分析。

18 据说，在一些美洲原住民的民间故事以及一些加勒比黑人文学作品中，骗子也扮演着相似的角色。

第二章 时间的重影

1 约翰·洛克（John Locke）认为，记忆是决定一个人的身份认同的唯一因素。他写道："一个理智的存在如果能以同样的意识来重复对过去和当下任意行动的认识，那么，这个过去的个人自我就等同于现在的个人自我。原因在于，借由自我对于现在的想法和行动的意识，这个自我到达了现在的自我，而只要同样的意识能延伸至过去的或未来的行动，那么即便在时间上相隔甚远，或在实体上有所变化，这个自我也仍然是同一个人，就好像一个人即便昨天和今天穿着不同的衣服，或是经过了或长或短的睡眠，他也不会变作两个人：是同样的意识将相隔甚远的行动统一在一个人的身上，而不论是怎样的实体参与到这些行动中。"后来的新洛克主义者常常认为，除了心理连续性，个人的同一性可能也需要生理上的连续性，而且心理连续性可能并不要求记忆是连续的。关于新洛克主义现状的简述，见Tumulty。

2 拉登（Radden）在一系列实际的例子中探索了这个含义。

3 关于这些问题的最新评述，见Tumulty。

4 要使记忆区别于幻觉或虚构的体验，一定程度的准确性是必要的，但没有理由认为所谓的语义记忆就一定比所谓的情节记忆要准确。有些人更擅长情节记忆（甚至出现"超忆症"，即对几乎所有经历过的事情都具有第一人称视角的记忆），而有些人更擅长语义记忆（尤其是那些会定期回溯人生经历的人）。

5 关于术语：托尔文（Tulving）和唐纳森（Donaldson）认为，"语义记忆"这一术语出自奎利恩（Quillian）1966年的博士学位论文，也是他提出了与之相对的"情节记忆"一词（383）。但他后来评论道："这一概念最初是30多年前提出的，……但自那以后它已经发生了很大变化，在现阶段，我们可以将它当作真正的自然奇观来思考，就像我现在在做的那样。"（"情节记忆"，3）在分类上，你或许还需要知道：情节记忆和语义记忆通常被归为两种不同的外显（explicit）记忆或陈述性（declarative）记忆，而与外显记忆或陈述性记忆相对的，是内隐（implicit）记忆或程序性（procedural）记忆。

6 大脑的不同部位似乎参与到这两种不同的记忆中；另外，这两种不同的记忆似乎对行为有不同的影响。关于大脑中相互关联的不同部分的概述，见Hart et al.和Head et al.。

7 在哈德利的短篇小说《诱拐》（*The Abduction*）中，过去和现在两个视角的结合更为反复无常。小说中，一位少女先后接受了两个视角，一个来自享乐主义的青年亚文化，另一个来自"值得尊敬的"一种中产阶级的生活方式。哈德利写道，两者的共存"像一次完美的实验，对于真理的两个互不相容的版本，测试二者何为真、何为假，看看会出现怎样的爆炸和变形"。

8 有一个问题：如果第一人称视角没有激活，那还算不算是想象（而不是单纯的预测)? 另一方面，龚（Kung）提出，一切想象（而不是幻觉）是否必须包含语义 [他称之为"规定性的"（stipulative）] 成分？

9 我们必定有过去，却未必有未来，这一事实的确让我们对未来的想象变得更加不确定，但这只作用于想象中的未来，而不是这个未来的人物。记忆和想象中的未来之间的这种不对称性或许与理性的计划有关，但和内心冲突的现象学及伦理学无关。

10 不过，我们有可能延展或重新聚焦于对于过去的观念的记忆，由此以一种不同的（但也是准确的）方式来重新体验过去。在心理创伤疗法中，至少有一种（眼动疗法，简称EMDR）采用了这种思路。

11 我认为，对于理性的漠视到了一定程度，我就不再是我自己了。但除了失去自我和以新自我代替旧自我之外，还有多种可能的情况令人不安。在《对于自我的两种概念化》（*Two Conceptions of the Self*）中，派珀辩称，自我需要遵从理性。但她的说法有些夸大其词了。

12 将我们过去的观念纳入现在的观念时，在原理上有一个细节：现在的观念有多种成因，而过去的观念只是其中之一。不过，随意的关联不等同于有意的涵摄。

13 关于这种策略，有一个近期的例子。安东尼·克龙曼（Anthony Kronman）在近期的一次采访中说："我们每个人都有多个信念。假设你既相信上帝，也相信科学、文学的价值、民主等其他东西，如果你足够好奇，喜欢思考，你会忍不住问：这些信念是怎么共存的？你可能会说：'嗯，我决定做个无神论者，因为只有无神论能挽救我在科学、美学和政治上的信念。'你也可能会说：'唯有上帝至高无上，而如果这意味着我必须抛掉其他信念，那也只好如此了。'……还有一种可能是，你修改了自己对于上帝的定义，从而让各种信念和谐共存；这样，它们不会在智识上相互矛盾，而是以一种值得称道的方式各得其所。"蒂利希（Tillich）将"上帝"重新定义为"终极关怀"（ultimate concern）。他的观点也有异曲同工之妙。

14 赫尔德（Herder）坚称，随着我们对宇宙的理解越来越深刻（此处的理解指科学上的理解），我们会越来越感受到一种崇高（the sublime）。这与康德的观点相反。康德认为，体验到崇高，是指体验到被认为是超出了理解范围的东西（此处的理解不仅是已经存在的理解，还包括可能的理解）。参见Zuckert。

15 关于这种观点的一些代价，详见Radden，Chapter 12，"The Normative Tug of Individualism"。虽然她不赞同科斯嘉德（Korsgaard）等康德主义者（他们认为这种观点有些晦涩），但是她认为这种观点会使人在道德上、感情上和认知上都付出过高的代价。

16 大卫·刘易斯（David Lewis）通过阐释时间片段（time slices）来应对这种逻辑矛盾的问题。参见"Counterparts of Persons and Their Bodies"，"Survival and Identity"。

17 这在索特里奥（Soteriou）的著作中是一个重要的主题。索特里奥认为，我们对于记忆、想象和感知的体验分别有不同的意图或目标来引导，凭这一点可以将前两者与感知区分开来。另一方面，理查德·沃尔海姆（Richard Wollheim）强调，他所称的"符号"（iconic）或"经验"（experiential）记忆有一种被传递的驱动力。

18 路德维希·维特根斯坦（Ludwig Wittgenstein）之所以有名，是因为他尝试将纷繁复杂的经验追溯到盘根错节的语言现象上，并通过解析后者来梳理前者。他的这一策略依赖于将不同的"语言游戏"分开，而这又不禁使人思考这种分离从心理学上看能达到何种程度。

19 她所说的诗人—言语者是指特德·休斯（Ted Hughes）。休斯的"诗作是关于单一的暴露，但当我们同时意识到死与生，并因此而打个寒战，我们都会为自己找到或者终将找到这种单一的暴露"。

20 与怀旧式记忆相对的是所谓的学者式记忆（scholarly memory），或者说是历史研究。他将两者做了对比。

21 潜意识的影响与潜意识的记忆之间是有区别的，不过这个区别在此处的讨论中并不重要。我在别处探讨过这个区别，见 Church("Reasons of Which Reason Knows Not")。

22 弗洛伊德在《超越唯乐原则》中声称，精神分析师的任务是帮助病人保持"一定程度的超脱，这能让他……认识到一些看似是现实的东西实际上只是被遗忘的一段往事的反映"。关于"克服过去"的影响而不必遗忘过去，亦见 Wollheim（特别是第八章）。

23 莫兰（Moran）论证到，一个人要对自己的想法和行动产生"主人翁意识"（ownership）[与"疏远"（estrangement）相对]，关键在于以第一人称视角体验这些想法和行动。他循着萨特的思路，认为逃避第一人称视角即是在逃避责任。

24 这种杂耍让我们的体验变得复杂，维持两个视角尽管很累人，但也会发人深省，让我们的体验变得丰富。（不过，尚不清楚只坚持一个视角是否比维持多个视角更累人。）

25 我并不是说我们应当总是在当下的生活中发展过去的视角或特质，也不是说强化过去的视角或特质总能增强我们整体的平衡感和稳定性。虽然情况各异，但有一点不可否认：心理平衡并不总是能带来社会学上的平衡。

26 我认为艾略特对此持有不同的看法对他而言，虽然巴尔斯特罗德过去的正义观念存在问题，但（在某种客观意义上）他过去的正义观念要优于他后来只求自保的实用主义。因此，本章开头引用的那段话说他对于现状的羞耻感是"事出有因"的。

27 萨克斯（Sacks）表示，"百无聊赖之时，每分每秒都显得如此漫长；当我埋头忙碌时，数个小时都显得转瞬即逝"。另外，他认为克里斯托夫·科赫（Christof Koch）的著作暗示着，在面对紧急情况时，注意力高度集中的状态会让人感到时间的流逝变慢。

第三章 他者入我心

1 根据大多数童年发展的理论,孩子很早就在心理上与父母或主要照顾他的人开始分离,但这个分离的过程最终很少能完成;未能分离的部分在他成年后仍旧影响着他的大多数社交关系。人的自主性在程度上有所不同,部分原因在于他们与父母或其他亲人分离的程度不同;当然,在生活的不同方面,人的自主程度也会不同。关于内化另一个人的影响,详见 Church, *Morality and the Internalized Other*。

2 关于内化一个信念或观念意味着什么,详见 Church, *Taking It to Heart*。

3 关于"拥有"一个人的行动或身体意味着什么,详见 Church, *Taking It to Heart* 和 *Possibilities of Perception*。

4 关于自我欺骗的研究以及近来关于信念与"隐念"(alief)的研究都探讨了这种言行不一。参见 Gendler。

5 我将共情与情感(或认知)上的感染区别开来。后者也可以自动发生,但如果一个人是被他人的情绪感染,他就不是想象他人的视角,而是接受了他人的视角。

6 "每个人会认为,他现在所听到的话语正是他毕生之所求,好让他找到所爱,并与他的爱人合而为一,再不分离。原因在于,这就是我们原初的自然状态,我们曾经是一个完整的存在:所谓'爱',即是渴望和追求完整性。"(柏拉图)

7 弗洛伊德也将人在"爱的高潮"所体验到的自我与他人的界限的消融,与凸显某些宗教情感的"海洋般的"情感联系起来。这个联想与后面斯佩科特·珀森的评论相映成趣。

8 "施爱者希望成为被爱者的'整个世界'……一个'此'包含着其他的多个'此'……如果被爱者变成了一个机器人,施爱者就会发现自己孤身一人。因此,施爱者并不希望像占有一个物品那样占有被爱者;他要的是一种特殊的挪用。他希望占有一份自由而不破坏自由本

来的面貌。"（萨特）

9 也有一些例外，比如孩子内化的他者是施虐的父母，或者学生内化的他者是有号召力的老师，但这个老师自身受到了严重蒙蔽。

10 如果我们简单地模仿或吸收在他人身上感知到的情绪，可能会产生更直接的共情。但仅当我们想象自己和他人都在体验同一种状态时，这种做法才会让我们了解他人的心理状态。

11 "理论"一词在此处的含义比较宽泛，既包括有大量证据支持的对于人类行为的概括，也包括针对个别人的独有猜想。

12 关于这一争论的详细梳理，参见Stich和Nichols。此时似乎有理由说，理论和模拟都支持着我们对于他人的理解（假设两者都可以不自觉地出现）。

13 这种差异体现在德语的"kennen"（熟悉）和"verstehen"（理解），以及西班牙语的"conocer"（熟识）和"entender"（理解）。

14 即使是对道德做康德式的理解，即意图不能以情感为导向，而必须以理性意志为导向（根据这种理解，如果一个人的意图与其情感相冲突，我们就更容易知道他的这些意图是理性意志的结果），共情在引导我们的注意力这方面也具有重要意义，能让我们关注在形成意图时需要考虑的东西。

15 西蒙·布莱克本（Simon Blackburn）辩称，自己在朋友家里时不愿意参与宗教仪式是合理的，是因为主人邀请他时并未考虑他的冲突的信念（见Antony）。然而，这种观点显然没有看到行为上的顺从和信念上的顺从之间的区别。

第四章　视角大与小

1 在《人的问题》(*Mortal Questions*)的"荒诞"(The Absurd)一章，

以及《本然的观点》(*The View from Nowhere*)(1986)一书中,这个差异似乎只是认识论上的,即只是两种认知事物的方法之间的差异。在"作为一只蝙蝠是什么样?"(《人的问题》)以及"大脑的对切与意识的统一"(《人的问题》)中,这个差异似乎也是形而上的,即现实的两个方面的差异。

2 相关论述集中在第十一章"唯我论、分离与非个人立场"(Solipsism, Dissociation, and the Impersonal Standpoint)。

3 我不会将主观与客观等同于微观与宏观,但内格尔将关于后者的论述放在了以前者为主题的集子里,而且认为二者之间存在很大的交集。

4 我们当然可以认为没有任何意义或评价能独立于我们作为人类的狭小视角,但是在想象中,我们如果采用某一视角,就必然将我们的体验以某种方式归类,并借此赋予其某种意义和价值。内格尔在《本然的观点》中承认了这一点。

5 他在陌生生物的例子中也否认了"中间地带"的解决方法,但我对此有所疑虑。他在一条脚注里也承认,想象可以让我们理解关于蝙蝠的很多东西。(《人的问题》)。

6 相反方向的涵摄同样存在,例如一个唯心主义者以主观涵摄客观。关于心理状态上的主观视角与客观视角,内格尔思考了能代替二者的第三种选择,即他所称的"客观现象学"(《利他主义的可能性》);这是个难以界定的概念,但更困难的是构想出能代替宏观和客观、重要和不重要的第三个选择。

7 例如,在一些情况下,采取一个更广的视角有利于清点数量巨大的东西,因为更广的视角让人能够更高效地对事物进行分类。更广的视角也有助于完成穿针引线这样的精细动作,因为这能让手在操作时更加稳定。但这些例子中的视角的拓展不甚重要,而且这些例子也不涉及双重视角。

8 只要感知为行动提供信息,就必然会记录主观的时空位置;语言从定

自相矛盾也无可厚非

义上来说更具有普遍性。当然,感知有更为抽象的形式(例如对数字的感知),语言也有更个性化的形式(例如兄弟姐妹之间独有的用语)。

9 注意,这并不等同于声称科学要求人遵循客观性;有些科学的关注点在于微观层面,有些科学受益于主观性的参与(例如与动物甚至植物共情)。

10 在这方面有一个有用的详细分析,见Simpson(2008)。

11 罗斯曼(Rothman)对U2偏离其反讽立场表示遗憾,他的表态可能是艺术领域内的一场更大的运动的一部分。例如,爱德华·圣奥宾(Edward St Aubyn)的近期作品《帕特里克·梅尔罗斯》(*The Patrick Melrose Novels*)五部曲,以及大卫·福斯特·华莱士(David Foster Wallace)的近期作品《无尽的玩笑》(*Infinite Jest*),都针对反讽文化进行了直接的抨击。

12 注意,他人的观点在他们自己看来不一定就有充分的理据,因为某一词汇内部的标准能导致使用这一词汇的人怀疑自己的信念。

13 穆迪-亚当斯(Moody-Adams)指出,这位重实践的哲学家需要参与到社会中,这又要求穆迪-亚当斯要公开批评其他人;一个人不能只在私下里批评,也不能以自己并不真正相信的普遍主义的语言来假装。扬(Young)认为,罗蒂关于增进人类团结的策略"实际上破坏了社群的团结,并巩固了现状"。穆迪-亚当斯还特别提到了罗蒂在自己的立场上有一处明显的矛盾,即虽然他站在自己的立场上表示反讽是私人的事情,他自己却作为一个公共知识分子来宣传反讽。扬提到,罗蒂有一处明显的矛盾,即一方面嘲弄性地评价他的"形而上学家"对手,另一方面又为了免受羞辱而坚持使用内涵更广的措辞。

14 布鲁克纳如此描述一个角色的反讽态度:"这是反讽所统治的国度,是一种完全与欲望的现实相分离的、带着嘲笑的顺从……一种远远的蔑视。"与此相似,里尔(Lear)提到,"反讽有一个奇异之处,那就是它破坏了激情或者动力,由此使行动陷于停滞"。(同时他又声称,"反讽的存在并不要求远离社会习俗……其与对社会生活的积极参与是相容的"。这两个观点形成了对比。)

15 不和谐经常会引人发笑,此处提到的幽默仅是这方面的一个例子。

16 此处的"歇斯底里"一词应作一般意义上的理解;该词现在很少用来指一种医学诊断上的病症。另外请注意,我所说的更加"客观"的观点不一定等同于社会主流观点。

17 谈到笑声时,萨斯坚持认为,"给精神病人做过访谈的人总会不时地暗自怀疑病人把和他们的互动当成一个笑话"。

18 这一段出现在利德盖特(Lydgate)一时冲动下想要求婚的情节:"他几乎要告诉她他爱她,几乎要问她愿不愿意嫁给他。他知道,这就像个疯子的一时冲动之举——哪怕考虑到他惯常的小小怪癖,也实属出格。不管了!这一件事他是打定了主意的。他的内心显然有两个自我,这两个自我必须学着和谐相处,忍受彼此带来的不便。奇怪的是,我们中的一些人能很快地切换视角,日光能越过我们一时的痴情。而正当我们在高地上狂欢之时,他们看到了广阔的平原,我们执着的自我正在那儿驻足,等待我们。"(第十五章)

19 在一些情况下,情感更激烈的状态出现在采用宏观视角的时候。希登费尔德(Sittenfeld)的作品中有一个很好的例子:"我非常伤心,但这并不妨碍我挑剔他的措辞。"

20 狂欢节幽默(Carnival humor)的效果常常来自成功地倒置这种等级。见Stallybrass和White。

21 关于这个策略在高与低的比较上的应用,利特瓦克(Litvak)给出了一个很好的例子。在利特瓦克看来,普鲁斯特值得称赞的地方在于他对于"上层"的关注也能够娱乐"下层"。普鲁斯特能做到这一点,是因为他对上流社会(以及智识主义和更广泛意义上的成年时期)的各种愚蠢和自负进行了分析,并且他的分析方式让这些分析本身成了快乐的源泉。对于上流社会里那些层层伪装之下的操纵，普鲁斯特披露了其中的每一个细节。如果有人最初对这种东西抱有天真的沉迷，那么普鲁斯特对上述细节的披露就打破了这种沉迷，并代之以一种更加复杂也更加矜持的享受。高深的思想会忽视肤浅之事，而这种立场常常会拖延行动，降低热情。我们不能沉浸其中，反而可以以肤浅的想法去分析高深的思想——这会带来新的惊喜和快乐。

22 罗伊·佩雷特（Roy Perrett）认为："《薄伽梵歌》建议只专注于履行我们在集体中的角色所带来的责任，并且通过履行这种责任来将一切执念付与我们行动的成果。"

23 关于宏观视角，这种方法被拿来与内格尔的观点相比较；关于崇高，赫尔德的选择被拿来与康德的观点相比较。参见Zuckert。

24 有一个容易理解的恰当例子，见Galeano。

第五章 假想的生活

1 注意，圣雄甘地（Mahatma Gandhi）有一句更著名的格言："如同明日将死那样生活，如同永生不死那样学习。"甘地生于1869年，比米歇尔早50年。这句话还可能追溯到塞维利亚的伊西多尔（Isidore of Seville，560—636）的《词源》（*Etymologiae*），以及在《美国教育杂志》（*American Journal of Education*）所引用的埃德蒙·里奇（Edmund Rich，1175—1240）的话。在《益世嘉言》（*Hitopadesha*）这本1000年前的梵语故事集中，第三节也有类似的表述："智者在看待知识和财富时应当好像永不衰老或死亡，但在根据法（dharma）来行动时应当好像死神已经揪住了他的头发。"

2 避开事实的选择可以被视为一种特殊的假装，即假装某事不存在。但我说的假装仅指会创造新内容的心理活动，而不是消去旧内容的心理活动。类似地，想象某些不存在的东西可以被视为创造幻象，但有"幻象"意味着"妄想",而我所说的不是因为受到误导而相信别的东西。

3 如果循着康德的思路,可能会坚称思想(或言语)如果不被解读为时空体验,就是空洞的,而这正是想象的作用。我认同这种看法(Church, *Possibilities of Perception*),但我在此处要表达的远没有那么激进:我并不是说思想没有了想象的参与就会变得毫无意义;我只是说,思想没有了想象的参与,就无法支撑起相关的"假想"体验。另外,我也不是说所有的想象都必须有时空上的画面;我只是说,想象某一事物要求我们设想、模仿或再创造与这一事物有关的体验。

4 有一种生活方式是想象有一个神在监督日常生活,这种生活方式可能的价值是一个常见的创作主题。伊德亚·比拉里尼奥(Idea Vilariño)有一首诗很好地表现了这个主题:"张开手,给我/我脏兮兮的面包屑/就好像一位神,好像风/好像这只张开的手/让命运分了心/好像它们赐给我们一天。"

5 有一个例子或许可以更清楚地诠释后一种选择:那位无神论者想要相信存在一个仁慈的力量,因而限制了自己的互动和思考,以相应地修改自己的信念。还有一些不那么清晰的例子:恋爱中的人想方设法忽略伴侣不忠的证据,求职者想方设法说服自己他是最适合这份工作的人选。我评论过一个人什么时候有可能选择自己的信念,什么时候不可能这么做。参见 Church, "Taking It to Heart"。

6 "还有那些星星,/它们当然也是,笑得浑身战栗。"(休斯)

7 阿丽拉·拉扎尔(Ariela Lazar)曾经这样描述自我欺骗的状态:"虽然一个简单的白日梦对于一个人的决定和思考的影响相当有限,但是自我欺骗状态对于一个人的行为有着和大多数信念一样的影响:它对于实践和理论思考都很重要……自我欺骗状态是一种混合物:自我欺骗既受到欲望和情感的强烈影响,表达欲望和情感,又以和信念相似的方式为我们的行为提供信息。这种状态的内容主要与欲望相对应，但运作方式和信念极为相似，我们在遇到时也不必为此感到困惑。很多信念都偏离了形成理性信念的规范（norm）。"在拉扎尔的描述中，自我欺骗状态具有信念那样的理性效果，但缺乏信念那样的理性原因。但是，她后面也承认，许多信念缺乏完全理性的原因或效果。

8 假定要有所知就要有信念，那么，如果声称一个人知道某个事物是虚假的，又暗示此人可能还是相信这个虚假的东西，这种暗示也会面对同样的质疑。但我认为，一个人可以保留矛盾的信念，而且无论如何，如果不说是"知道"，而说是"断言"或者"坚称"，同样的观点也是成立的。

9 霍里奇（Horwich）指出，在科学上，如果在"什么是真实"这一点上不存在相互冲突的观念，那么，作为工具的真实和真正的真实之间没有实质上的区别。

注释

10 类似的情况还有，一些物理学家知道牛顿的理论已经被相对论所取代，但在很多计算中还是依靠牛顿的理论。但是，在这种情况下，牛顿的理论并没有偏离真理，而是简化了真理；它仍然是有用的真理的近似物（正如我可以说我在水中游泳，但更准确地说，我是在水与钠离子、氯离子等诸多离子的混合物中游泳；前一种说法也是一种有用的真理的近似物）。所谓的"大众心理学"（folk psychology）也是如此。根据大众心理学，人们基于信念和欲望的理性结合采取行动。关于有意为之的立场以及作为有用的理想化的决策理论，阿皮亚（Appiah）有一番辩白。

11 或许可以说，数字的所有表现形式都或多或少具有误导性，问题仅在于哪些误导在哪种情境下更加棘手。我赞同这种观点；如果考察从用语言来表达数字到用图像来表达数字的转化，我们也可以得出同样的结论。

12 之所以能以这种方式达到这种精确度，可能是因为以下事实：数字只具有一种属性，即数量的属性（这也是数字的根本性质），但世界上的大多数事物都具有多种不同的属性（例如颜色、质地、体积、持续时长等）。

13 笛卡尔（Descartes）最伟大的思想之一是，任何代数关系都可以用几何关系来表示——他意识到这能极大地帮助人们"以直觉感知"数学上的真理。关于这一发现与通过感知来获知数学真理的可能性，详见Church（*Boundary Problems*），Chapter III。

14 当然，还有一种与主流相反的潮流声势渐长。有些人拒绝自己的既定性别（assigned gender），坚持自己性别身份中本质的和必然的特征，而这种反主流的观点在他们之中尤为盛行。

15 在很大程度上，黑格尔的观点是巴特勒的研究背景和灵感来源。可以想见，她的观点特别符合视角冲突的潜在影响中积极的一面。

16 这种构建的发生有很多种不同的方式，其中一些方式包含物理世界中的改变。参见Church（*Making Order out of Disorder*）。

17 有一些人支持这个立场，例如史密兰斯基（Smilansky）。关于相关意见的概述，参见Caruso。对自由意志的真实性的反对意见，大多源于对决定论的支持以及相信自由意志不能与决定论相容的观点。否定存在自由意志的其他原因还包括偶然性在日常生活中的重要角色。关于后一种观点，参见Levy。

18 关于感知因果关系的可能性的论证，详见Church（*Boundary Problems*），Chapter III。我并不否认有可能感知某种事物的缺位——例如，少了大象，或者少了红色，都是可以被感知到的。我说的是，如果缺失了某种虚拟的依赖关系，我们不可能感知（并在感官知觉的层面上想象）这种缺位。

19 和这一研究兴趣相合的，是越来越多的人关注到既假装有神又相信无神会给人带来的好处。参见Antony和Johnston。理查德·罗蒂讨论过，如果大众假定其价值观具有客观性，这会带来一种优势，而如果精英阶层承认其价值观不具有客观性，又会带来另一种优势

(参见第四章)。但是,罗蒂并不建议大众和精英两个群体都将价值观视作客观的东西;这会需要大众具有一种麻烦的自我意识,也会破坏精英阶层为了创造性地重新诠释而做出的努力。

20 这一"投射论"立场又称"准实在论"(quasi-realism),由西蒙·布莱克本提出,随后被阿兰·吉巴德(Alan Gibbard)等人应用在道德价值观的案例中。

21 将善的属性类比于红色的属性,见于G.E.摩尔(G. E. Moore)的《伦理学原理》(*Principia Ethica*)。不过,摩尔认为,"善"和"红色"实际上都是简单的固有属性。要理解或想象价值观的客观性,还有其他的方式。我在此处仅关注其中一种相对简单的方式。

22 内格尔在"大脑的对切与意识的统一"(《人的问题》)中驳斥了统一意识的现实性,并简单讨论了这一幻象对于共情的重要意义。他在《利他主义的可能性》中更加充分地讨论了这种重要意义。

23 我知道,只要这种焦点不被任何内在结构所限制,那么,将自我看作焦点的幻想也可能让我们倾向于认为人是完全不可预测的。从这个角度来看,将自我看作焦点的幻想和(前述的)自由意志的幻想很相近——可能会因为过于"空洞"而无法引导任何有意义的"假想"生活。

注释